U0076725

Galileo 少年伽利略

Contents

什麼是「微分、積分」呢？

預測未來的革命性數學

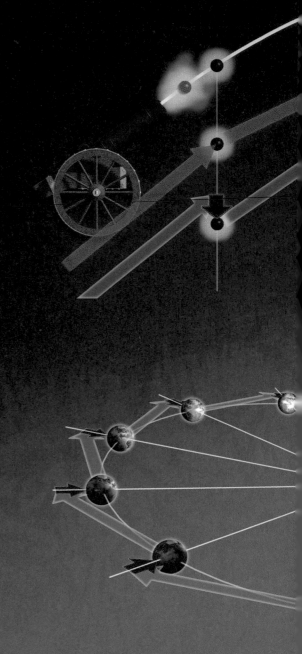

無論是砲彈的行進軌跡或是天體運動皆能計算

使用微積分能夠計算求出發射後的砲彈軌跡和變化。此外，在計算天體運動時，微積分也能發揮威力。

「微分」（differential calculus）與「積分」（integral calculus）是二個非常重要的數學思想，兩者統稱「微積分」（calculus）。

簡單地說，微積分就是計算物體如何「變化」的數學。例如：可以預知大砲砲彈的行進軌跡，也能計算將來地球與太陽的位置關係。換句話說，使用微積分能夠預測「未來」。

在今天，微積分普遍運用於人造衛星的軌道、建築物的強度、經濟狀況的變化等廣範圍的計算。即使說微積分撐起現代的文明社會，應該也不為過。

以發明微積分而聞名的人，就是發現萬有引力的天才科學家牛頓（Isaac Newton，1643～1727，儒略曆1642～1727）。1665年，23歲的牛頓創造出改變科學歷史，革命性的數學手法，這就是「微積分」。

發射後的砲彈運動

繞太陽公轉的
地球運動

牛頓
（1642～1727）

微分的誕生背景

大砲務必命中目標！研究砲彈軌跡的彈道學

伽利略發現拋體運動

微 積分究竟是在什麼樣的背景下誕生的呢？

在大砲運用於戰爭中的16～17世紀的歐洲，研究砲彈軌跡（彈道）的彈道學大為興盛。但是在過去有很長一段時間，人們無法正確計算出砲彈飛行曲線的形狀。

解開該疑問的人是義大利的科學家伽利略（Galileo Galilei，1564～1642）。伽利略將砲彈的前進速度分為受到重力的方向（上下

水平方向的速度

| 1秒後 | 2秒後 | 3秒後 | 4秒後 |

發射後的時間經過

方向）和水平方向來思考。因此，呈現出水平方向的速度沒有變化（慣性定律），只有上下的速度會隨著時間的經過而變化。

這樣運動的結果，伽利略闡明砲彈會畫出稱為「拋物線」（parabola）的曲線軌跡（下面插圖）。

砲彈的軌跡為拋物線

往斜上方發射的砲彈依循「慣性定律」，水平方向的速度不變（1）。另一方面，因為地球引力的關係，「上下方向」的速度會隨時間而變化。就這樣，砲彈運動是會畫出拋物線的「拋體運動」（2）。

註：現實中因為有空氣阻力的關係，砲彈的軌跡並非完全的拋物線。

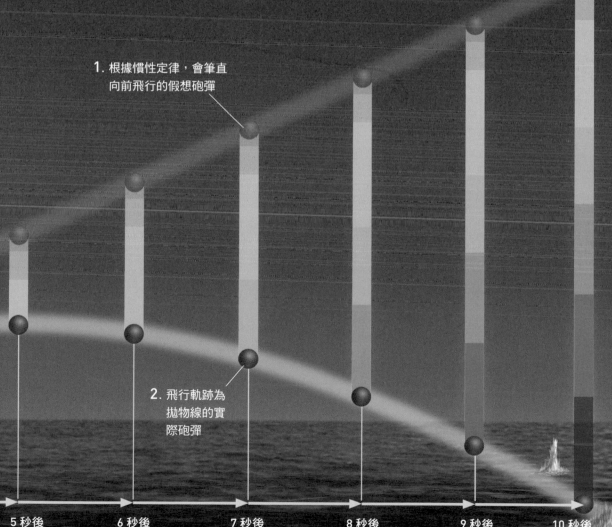

1. 根據慣性定律，會筆直向前飛行的假想砲彈

2. 飛行軌跡為拋物線的實際砲彈

5 秒後　　6 秒後　　7 秒後　　8 秒後　　9 秒後　　10 秒後

將曲線變為「數學表達式」？！

若使用「座標」即可以數學表達式表示曲線

進 入17世紀，微積分發展所不可或缺的「工具」出現了。這就是法國的數學家笛卡兒（René Descartes，1596～1650）和費馬（Pierre de Fermat，1601～1665年）創造出來的「座標」（coordinate）。

座標是指平面上的某一點，可以用與原點相距的「橫（x 座標）」和「縱（y 座標）」的距離來表示者。想法就跟地圖的「緯度」、「經度」一樣。

例如：$x = 3$、$y = 5$ 的點表示為（x, y）=（3, 5），而 x 與 y 皆為 0 的點（0, 0）稱為「原點」。

若使用座標的話，拋物線可以用數學式子來表示。例如：通過（x, y）=（0, 0）、（1, 1）、（2, 4）、（3, 9）⋯⋯的拋物線，可以用「$y = x^2$」來表示（右圖的①）。藉由轉換成這樣的數學式，有關拋物線的問題已經可以準備用計算來解決了。

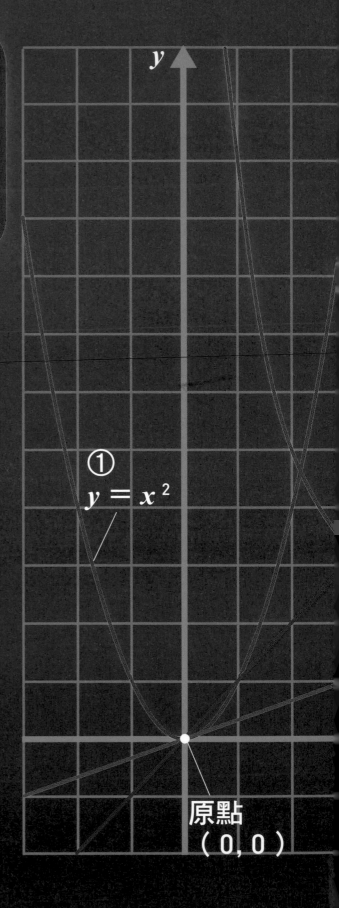

①
$y = x^2$

原點
（0, 0）

② $y = x$

③ $y = \dfrac{1}{3}x$

④ $y = \dfrac{10}{x}$

x

可用數學表達式來表示各種曲線和直線是怎麼回事呢？

拋物線①可用數學表達式 $y = x^2$ 來表示，因為位在該拋物線的（1,1）、（2,4）等所有的點都滿足 $y = x^2$ 的式子。而②～④的直線和曲線也都可以用不同的數學式來表示。又，表示 x 與 y 之關係的數學式，在大部分場合都可寫成「$y = $……」的形式。

若使用座標即可將砲彈軌跡轉換成「數學式」！

只要有數學式，就能利用計算獲悉想知道的事

讓我們利用數學式子來表示砲彈畫出的拋物線吧！假設發射砲彈的地點為原點（0，0），從發射地點算起的水平方向距離為 x 公尺，高度為 y 公尺，則砲彈所畫出的拋物線就能用 x 和 y 的數學式子來表示。

砲彈水平距離飛行了 400 公尺後掉落地面，落下地點的座標表示為（400，0）。此外，當砲彈飛行至水平距離發射地點 100 公尺之處

計算方法：

一般用以表示拋物線的數學表達式如下。

$$y = ax^2 + bx + c$$

接著，使用砲彈通過的座標，求出上面數學式中的 a、b、c。首先，因為通過原點（0，0），所以下面的式子成立。

$$0 = a \times 0^2 + b \times 0 + c \quad 因此，c = 0 \cdots\cdots ①$$

另外，因為通過（400，0），所以下面的式子成立。

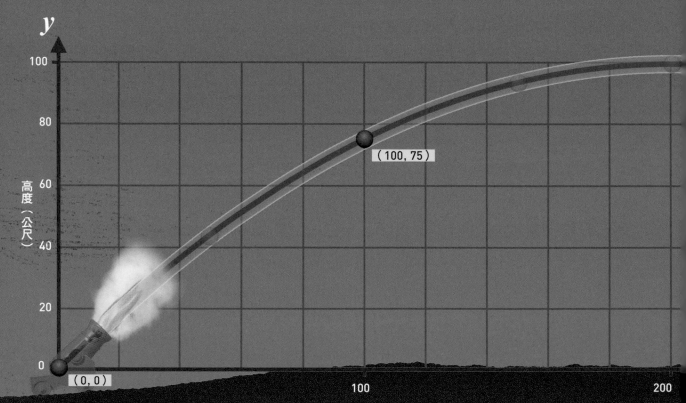

y

高度（公尺）

（100，75）

（0，0）

100

200

時，高度為 75 公尺。該點的座標為（100,75）。

僅是這樣的信息，就能用數學式子表示砲彈軌跡的拋物線（下面所示為圖與計算方法）。

就這樣，砲彈軌跡所呈現的拋物線就能用數學式子來表示。如此一來，與砲彈軌跡相關的事項，皆能利用計算求出。

$0 = a \times 400^2 + b \times 400 + 0$

經過整理，則 $a = -\dfrac{b}{400}$ ……②

再者，因為也通過（100, 75），所以下面的式子成立。

$75 = a \times 100^2 + b \times 100 + 0$

經過整理，則 $a = \dfrac{3-4b}{400}$ ……③

將②③的右邊以等號連結，整理結果得到 $b = 1$ ……④

將④代入②中，則 $a = -\dfrac{1}{400}$ ……⑤

從①④⑤可求出 a、b、c，因此拋物線就能以下面的式子來表示。

$$y = -\frac{1}{400} x^2 + x$$

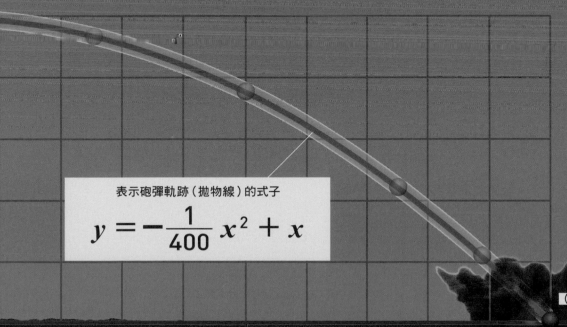

表示砲彈軌跡（拋物線）的式子

$$y = -\frac{1}{400} x^2 + x$$

（400, 0）

300

400

水平距離（公尺）

如何正確得知不斷在改變的「行進方向」？

困擾當時學者的問題是什麼？

拜 可用數學式子表示砲彈軌跡之賜，就算沒有實際發射砲彈，也能計算飛行距離等等。

那麼，發射之後的砲彈，隨著時間的推移，「行進方向」會有怎樣的變化呢？

朝斜上方發射的砲彈，正如下圖所示，行進方向會逐漸往下方傾斜。飛行中的砲彈行進方向時時刻刻都在變化，即使僅有一瞬之差，方向也不相同。

如何才能正確計算出不斷變化的
行進方向呢？這個問題困擾著當時
的學者。而解決此問題所需的「新
數學」就是後來出現的「微分法」。

砲彈的行進方向不斷在改變

朝斜上方發射之砲彈的行進方向，因為受到
地球引力的影響，逐漸朝下傾斜。在17世紀
的當時，尚未有能夠計算不斷變化之砲彈行
進方向的數學手法。

隨條件而變化的變數「x」，固定為某一數值的常數「a」

在像「$y = ax + 5b$」這類數學表達式中，有「x」、「y」、「a」、「b」這些英文字母，它們分別代表某數。

一般而言，英文字母序列後面的「x」、「y」，主要大多用來表示「變數」（variable）。所謂變數，就是會因時間和條件而變化，未固定某一數值的數。

另一方面，像英文字母序列前面幾個字

何謂變數？

就是會因時間和條件而變化的數，主要使用英文字母序列由後數來的「x」、「y」、「z」等字母來表示。此外，當變數是時間時，會使用「t」（時間 time 的第一個字母）；變數是速度時，會使用「v」（速度 velocity 的第一個字母）來表示。

母中的「*a*」、「*b*」等主要是表示某固定的
數，亦即「常數」（constant）時使用。
　此外，圓周率「π」也是常數，其值恆
為「3.14159265……」，是不會改變的。

何謂常數？

不會因時間和條件而變化，固定不變
的數。一般主要使用英文字母序列的
前幾個字母「*a*」、「*b*」、「*c*」等來
表示。此外，也有些常數是以特別的
文字來表示，譬如圓周率以「π」、
自然對數的底「*e*」等。

掌握微分關鍵的「切線」是什麼概念？

與曲線「僅有一點相切的直線」就是切線

到底要怎麼做才能求出砲彈之行進方向的變化呢？

掌握其中關鍵的就是「切線」（tangent line）。所謂切線，簡單地說就是與圓或是拋物線等曲線「只有一點相切的直線」（右圖中的紅色直線）。

某一點上所能畫出的切線只有 1 條，這是因為只要直線的位置或斜率有些微偏差，可能就完全無法與曲線相交，也可能相交的點有 2 點，這就不是切線了（右圖的藍色直線）。

切線為什麼是了解「行進方向之變化」的關鍵呢？詳情請看16頁說明。

圓

與圓不相交的直線（不是切線）

切線（與圓僅有 1 點相切的直線）

切點

與圓相交於 2 點的直線（不是切線）

何謂切線？

直線逐漸朝圓接近中，於是直線與圓會有相交於一點的時候，此時相切的點稱為「切點」（point of tangency），相切的直線稱為「切線」。如果與圓沒有任何點相交，或是相交於 2 點的直線都不是圓的切線。此外，1 個切點只能畫出 1 條切線。

註：圓以外的其他曲線，切線可能會在切點以外的其他位置與曲線相交或相切。

切線指示運動物體該瞬間的「行進方向」!

物體往切線方向行進

為什麼切線是了解砲彈行進方向之變化的關鍵呢？這是因為從砲彈軌跡畫出的「切線方向」,表示各個瞬間的行進方向。

以投擲鏈球為例,做圓周運動的鏈球,在各個瞬間都是朝著「圓的切線方向」前進的。其證據就是將拉緊的球鏈放開,鏈球便往圓的切線方向飛出。

不僅是圓,切線指示瞬間的行進方向對於拋物線運動來說也是一樣

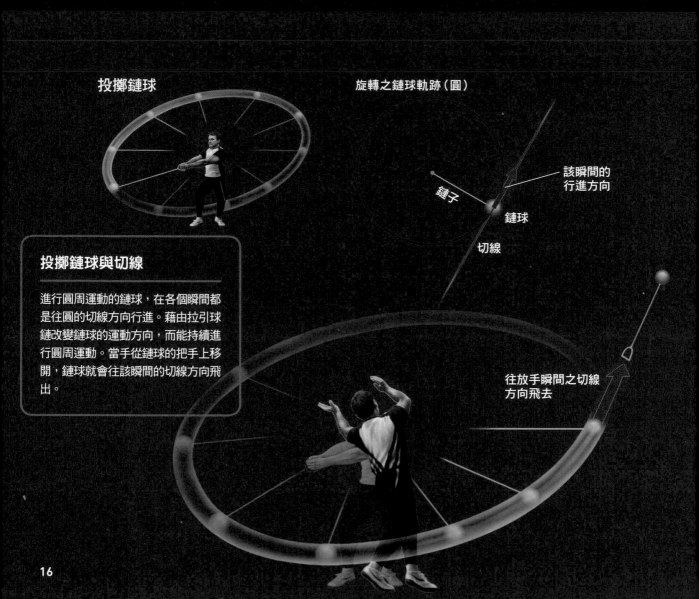

投擲鏈球

旋轉之鏈球軌跡（圓）

該瞬間的行進方向

鏈子

鏈球

切線

投擲鏈球與切線

進行圓周運動的鏈球,在各個瞬間都是往圓的切線方向行進。藉由拉引球鏈改變鏈球的運動方向,而能持續進行圓周運動。當手從鏈球的把手上移開,鏈球就會往該瞬間的切線方向飛出。

往放手瞬間之切線方向飛去

的。諸如大砲砲彈這類拋物線運動的飛行物體，在各個瞬間皆朝著拋物線的切線方向前進。

如果能畫出切線，好像就能獲知砲彈之行進方向的變化。當時最厲害的科學家們都處理過切線問題。

鉛球

該瞬間的行進方向

鉛球的行進軌跡（拋物線）

切線

投擲鉛球

投擲鉛球與切線

不管是大砲發射出來的砲彈或是投擲的鉛球等呈拋物線運動的物體，在各個瞬間都是往拋物線的切線方向前進。在投擲鏈球的圓周運動中，是藉由拉張鏈子來改變行進方向，而拋體運動則是被地球引力牽引，使得行進方向變得逐漸朝下。

如何正確畫出切線？

必須要有獲知切線「斜率」的方法！

要 畫出圓的切線非常容易，首先將切點與圓心連一直線，再經切點畫出與該線垂直的直線即可。然而像拋物線這類「曲率」並不固定的曲線，沒有簡單的方法可以畫出切線。

此處所說的「畫切線」不是指以紙和鉛筆「適當地」畫出切線，乃是指「以嚴謹的方式決定成為切線的那條直線」。

通過拋物線上 A 點的直線有無限

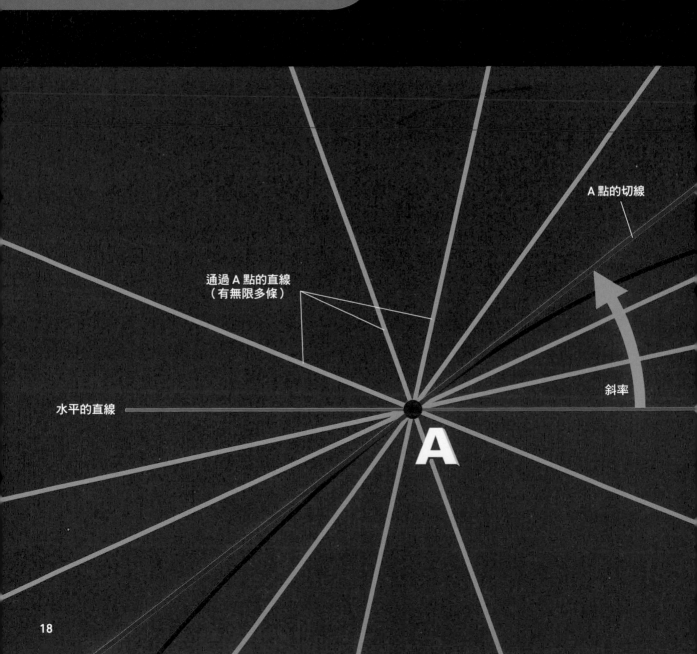

A 點的切線

通過 A 點的直線
（有無限多條）

斜率

水平的直線

A

多條（下圖），在這些直線中，只有 1 條是 A 點的切線。

　　究竟如何才能畫出正確的切線呢？想要畫出切線，只要知道切線的正確「斜率」（slope）即可。所謂「斜率」就是相對於水平直線，表示該直線的傾斜度多少的值。

　　在17世紀的當時，尚未有計算曲線之切線斜率的一般方法。解決該「切線問題」的人，就是大科學家牛頓。

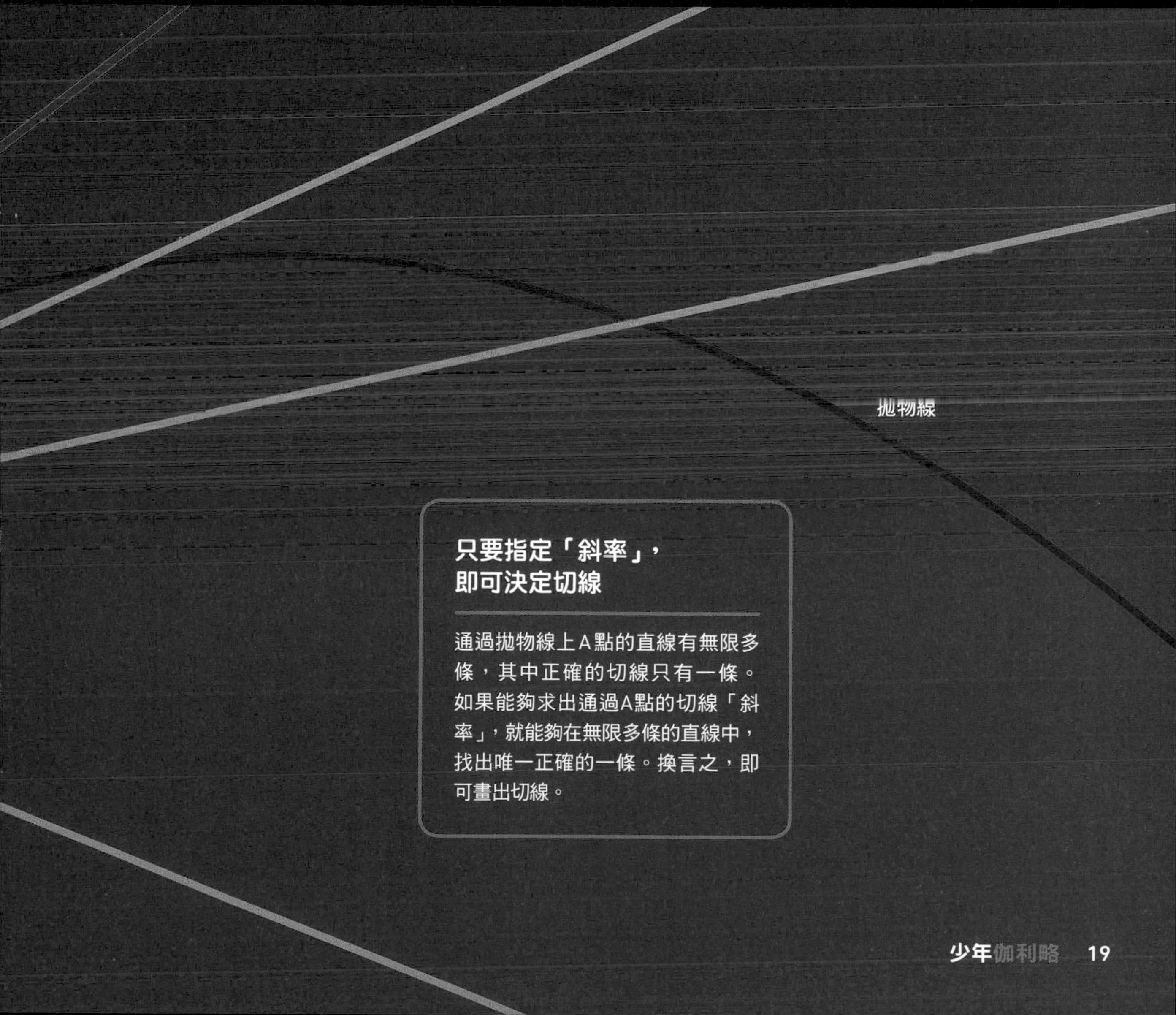

抛物線

只要指定「斜率」，即可決定切線

通過拋物線上A點的直線有無限多條，其中正確的切線只有一條。如果能夠求出通過A點的切線「斜率」，就能夠在無限多條的直線中，找出唯一正確的一條。換言之，即可畫出切線。

Coffee Break

發明微積分的牛頓是什麼樣的人？

少年時期的牛頓閱讀大量的書籍，也曾自己動手製作風車和日晷。當他進入英國劍橋大學就讀時，對伽利略（Galileo Galilei，1564～1642）、笛卡兒（René Descartes，1596～1650）等當時最尖端研究學者的著作非常著迷，簡直到了廢寢忘食的地步。

1665年，倫敦爆發黑死病（亦即鼠疫，pestis）大流行，劍橋大學停

從小我們就聽過牛頓看到從樹上掉落地面的蘋果，得到啟發而發現萬有引力定律的有名故事。牛頓在烏爾索坡的家，庭院中的確種植了蘋果樹，不過這裡所提到的故事究竟是真是偽，沒有人知道。

蘋果

萬有引力

牛頓
（1642～1727）

課，他只好暫時回到故鄉烏爾索坡（Woolsthorpe）。當時年僅23歲的牛頓在鄉下偏僻的環境中，集中心力在數學與物理方面的研究。就在這1665～1666年間，牛頓完成名垂科學史的三大豐功偉業，這就是「萬有引力定律」、「光理論」以及「微積分」。

牛頓的傑出才能深獲肯定，27歲就被聘為劍橋大學的數學教授。不過可能因為他的課不容易理解，據說聽課的學生並不多。另外，牛頓對煉金術和神學也有強烈的興趣，熱衷於相關的研究。

晚年，牛頓的腎臟罹病，因為膀胱結石惡化的緣故，於84歲辭世。牛頓確立了微積分法（calculus），因結石（英文同為calculus）而亡。牛頓一生都沒有結婚，沒有後代。

牛頓的簡單年譜

1642年（誕生）	聖誕節誕生
1661年（19歲）	進劍橋大學就讀
1665年（23歲）	創立微積分、萬有引力定律、光理論（神奇之年）
1669年（27歲）	正式成為劍橋大學的數學教授
1671年（29歲）	製作反射望遠鏡，並將之捐贈給英國皇家學會
1684年（42歲）	將力學研究予以彙整，開始撰寫《自然哲學的數學原理》（The Mathematical Principles of Natural Philosophy）
1687年（45歲）	《自然哲學的數學原理》出版
1689年（47歲）	成為國會議員
1699年（57歲）	受命就任英國皇家鑄幣局局長一職
1703年（61歲）	成為皇家學會會長
1704年（62歲）	出版《光學》一書。與微積分相關的成果也於本書首度披露
1705年（63歲）	英國安妮女王授予牛頓爵士身分
1727年（84歲）	在倫敦自宅於睡夢中辭世

探究牛頓腦中的想法

各個小點的「移動」形成曲線！

在牛頓23歲時著手處理讓17世紀當時各個學者困擾已久的「切線問題」。他著眼於下列所述之想法，企圖解決該問題。

該想法就是「紙上所繪之曲線和直線，是一個小點隨著時間推移而移動的軌跡」（右圖）。

如果想成是點的移動，則曲線上所有的點都具有「瞬間的行進方向」。

正如先前已介紹過的，在運動物體之軌跡上所畫的切線表示瞬間的行進方向。牛頓相反地，想藉由「計算移動之點的行進方向求出切線的斜率」。

在這樣想法的基礎下，牛頓研究出獨特的計算方法。

時間推移

隨著時間推移在
曲線上移動的點

牛頓「腦中」在想什麼呢？

牛頓認為「直線和曲線是一個小點隨著時間經過所移動軌跡」，他希望藉由計算移動點之瞬間的行進方向，求出切線的斜率。

牛頓的大發現「微積分」

牛頓的大發現「切線斜率是可以計算的！」

專注於點之「瞬間變化」的牛頓

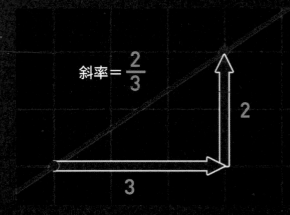

$$斜率 = \frac{2}{3}$$

在數學上，直線的「斜率」可以用「相對於水平方向前進距離時，鉛直方向上升多少」，換言之，就是「傾斜的程度」來表示。例如，往 x 軸方向（水平方向）前進「3」、往 y 軸方向（鉛直方向）上升「2」的直線斜率可用「$\frac{2}{3}$」來表示（右圖）。

牛頓採用「o」（希臘字母之一，讀作omicron）這個符號表示極短暫的瞬間，以計算點的行進方向，也就是切線的斜率。假設點在曲線上移動，從 A 點開始移動，經過「o」的時間，移動的點從 A 點稍微移動到 A' 點。牛頓將移動點往 x 軸方向的移動距離設為「op」，往 y 軸方向的移動距離設為「oq」（右圖）。

於是，該軌跡的斜率可表示成「$\frac{oq}{op}$」，經過約分就成了「$\frac{q}{p}$」。該斜率就是在 A 點之切線的斜率。從26頁開始，我們將介紹具體的計算方法。

如何計算「某瞬間」的斜率呢？

牛頓將移動點在 x 軸方向的前進速度以「p」、在 y 軸方向的前進速度以「q」來表示（牛頓將這些速度稱為「流數」（fluxion））。經過微小時間「o」，移動點從 A 點移動到 A' 點。雖然點在曲線上移動，但是移動的距離非常的短，因此牛頓認為點移動的軌跡（A–A'）可視為直線。點的前進距離可用「時間 × 速度」表示。在「o」時間內，點往 x 軸方向前進的距離為 o（時間）$\times p$（速度）$= op$；y 軸方向為 oq。因此，牛頓認為可以計算得出斜率為 $\frac{q}{p}$。

在曲線上移動的點

將移動點附近放大

極微小的時間 *o*

往 *y* 軸方向
移動的距離 *oq*

往 *x* 軸方向移
動的距離 *op*

A

A'

直線 A－A' 的斜率 $\dfrac{oq}{op} = \dfrac{q}{p}$

嘗試以牛頓的方法來計算切線斜率吧！

點的「瞬間變化」大約是多少？

現在，讓我們以牛頓的想法，計算看看 $y = x^2$ 所表示之曲線上 A 點（3, 9）的切線斜率。這裡所用到的不過是國中程度的數學計算，大家儘管放心。曲線的形狀和 A 點位置如左頁圖所示。

首先，沿襲牛頓的想法，想想移動點來到 A 點（3, 9）的瞬間（右頁步驟 1 的①）。

接著讓我們想想移動點在經過「o」（極短的時間）後移動到 A' 點

【問題】

$y = x^2$ 上 A 點（3, 9）的切線斜率為何？

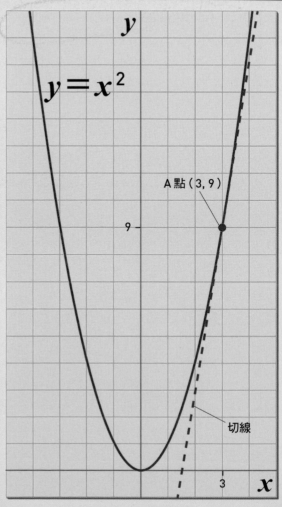

y

$y = x^2$

A 點（3, 9）

9

切線

3

x

時，A' 點的座標吧！由於 x 座標僅增加 op，因此是「$3 + op$」，而 y 座標僅增加 oq，因此是「$9 + oq$」（步驟 1 的②）。

到此，求 A 點之切線斜率的準備工作告一段落。次頁就讓我們進入下一個步驟吧！

步驟 1 想一想移動點在「o」時間內移動多少？

A 點（3, 9）附近的放大圖

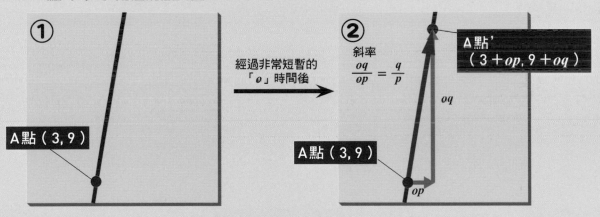

根據牛頓的想法，小點在曲線上移動。移動點來到 A 點（3, 9）的瞬間（①）經過「o」時間後，移動到 A' 點（$3 + op, 9 + oq$）（②）。

因為點是在曲線上移動，所以點的移動軌跡「A–A'」也是曲線。但是牛頓認為在接近無限小的時間「o」內移動的距離非常短，因此可以視為直線。於是，「直線 A–A'」為位在 A 點之移動點的行進方向，就等同是切線的斜率。

嘗試來計算切線斜率吧！（續）

牛頓的「流數法」就是今天的微分法

（接續前頁）

將 前頁求到之 A' 點的座標值（3 $+op$, 9 $+oq$）代入曲線的式子「$y = x^2$」中（左頁步驟2）。

然後求出移動點移動所形成之「直線 A–A'」的斜率「$\frac{q}{p}$」，這就是 A 點的切線斜率（右頁步驟3）。就這樣，使用牛頓的想法，可實際求出 A 點（3, 9）的切線斜率為「6」。

牛頓所研究出來求切線斜率的方法稱為「流數法」（method of fluxions），牛頓利用流數法解決了

步驟2 將 A' 點的座標代入曲線的算式中，結果為何呢？

A' 點的 x 座標為 3 $+op$，y 座標為 9 $+oq$。
因 A' 點為曲線「$y = x^2$」上的點，故可將 $y = 9 + oq$、$x = 3 + op$ 代入 $y = x^2$ 中。

$$y = x^2$$

$$(9 + oq) = (3 + op)^2$$

在此使用下面公式，脫去右邊的括弧

$$(a+b)^2 = a^2 + 2ab + b^2$$

經過計算
$$9 + oq = 9 + 6op + o^2p^2$$

兩邊同減去 9
$$oq = 6op + o^2p^2$$

兩邊同除「o」
$$q = 6p + op^2$$

切線問題。該流數法就是現在的「微分法」。所謂微分法便是計算切線斜率的方法。

　　據說牛頓是在 1665 年想出流數法的基本構想，距離牛頓開始正式進入數學研究領域僅經過 1 年的時間。這時他僅 23 歲。

步驟3　計算切線斜率，結果為何？

想要求的是直線 A–A' 的斜率「$\frac{q}{p}$」。
但是我們並不知道「p」、「q」各是什麼樣的值。
因此，將左邊化為有「$\frac{q}{p}$」的形式，以求出「$\frac{q}{p}$」的值。

兩邊同除「p」

$$\frac{q}{p} = 6 + op$$

牛頓認為因「o」的值無限小，因此右邊的「op」可以略而不計。

【答】　A點的切線斜率　　$$\frac{q}{p} = 6$$

所謂「函數」究竟是什麼概念呢？

輸入一數，便會回應一個計算結果

在 接下來的內文中，我們將介紹微分的核心「導函數」（derivative function）。不過，在此之前我們必須先認識何謂「函數」（function）。

假設某超市的雞蛋 1 盒的售價為「x」元，付費塑膠袋為 2 元，那麼買 3 盒雞蛋的合計金額「y」元可以寫成「$y = 3x + 2$」。

假設某天的雞蛋價格為每盒 100 元（$x = 100$）。那麼合計金額便為 $y = 3x + 2 = 302$（元）。合計金額 y 在雞蛋價格 x 時，就跟著決定了。

像這樣，當 x 的值決定時，y 的值也會跟著決定的對應關係稱為「函數」。當我們以「$y = 3x + 2$」來表現時，表示「y 是 x 的函數」。前面提到的 $y = x^2$，當然也是 x 的函數。

所謂函數，好比是一個神奇容器，將某個數值代入，中間經過一些計算，就會把結果送回來。

何謂變數？

因時間、條件而改變的數稱為「變數」（variable）。主要使用英文字母序列靠後的字母 x、y 等，不過也會使用其他的字母。

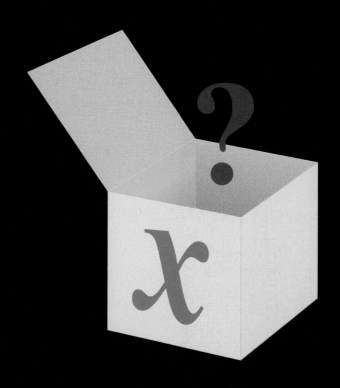

函數示意圖

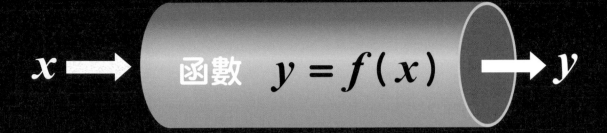

$$x \longrightarrow \quad 函數 \quad y = f(x) \quad \longrightarrow y$$

y 是 x 的函數通常會寫作「$y = f(x)$」（等號右邊讀作 f of x）。$f(x)$ 的 f 是取自 fraction 的第 1 個字母。此時的 $f(x)$ 代表全部的 x 函數，所以具體的 x 是「x」也好，是「x^{100}」也行。另外，當 $x = 1$ 時，y 值會寫作 $y = f(1)$。

具體的函數範例

$$x = 1 \longrightarrow \quad y = 3x + 2 \quad \longrightarrow y = 5$$
$$x = 2 \longrightarrow \qquad\qquad\qquad \longrightarrow y = 8$$

$$x = 1 \longrightarrow \quad y = x^{100} \quad \longrightarrow y = 1$$
$$x = 2 \longrightarrow \qquad\qquad\qquad \longrightarrow y = 1.267\cdots \times 10^{30}$$

微分的核心概念！何謂「導函數」？

即使是以英文字母來表示座標值，也能算出切線斜率！

再度求切線斜率

在第 26 ～ 29 頁中，我們已經求出曲線 $y = x^2$ 上之 A 點（3，9）的切線斜率了。若使用相同的方法，也能求出 A 點（3，9）以外之其他點的切線斜率。但是要一一求出每個點的切線斜率，計算量非常龐大。

事實上，$y = x^2$ 上任何點的座標都能使用字母 a，表示成（a，a^2）。在此，讓我們求以（a，a^2）表示之 A 點的切線斜率。

雖然以字母取代了數字，但是計

【問題】

$y = x^2$ 上 A 點（a，a^2）的切線斜率為何？

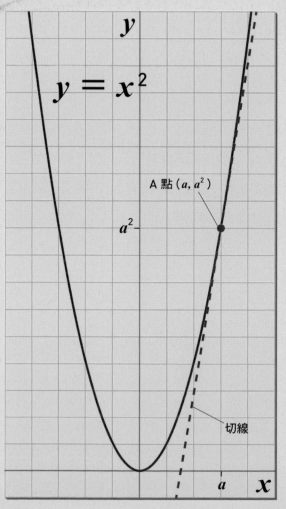

y

$y = x^2$

A 點（a，a^2）

a^2

切線

a　x

算方法跟前面提過的完全一樣。首先，想想移動點來到 A 點（a, a^2）的瞬間（右頁步驟 1 的①）。

接著讓我們想想移動點在經過「o」（極短的時間）後移動到 A' 點時，A' 點的座標吧！由於 x 座標僅增加 op，因此是「$a+op$」，而 y 座標僅增加 oq，因此是「a^2+oq」（步驟 1 的②）。次頁將進入下一個步驟。

步驟 1　移動點在「o」時間內究竟移動多少距離？

A 點（a, a^2）附近的放大圖

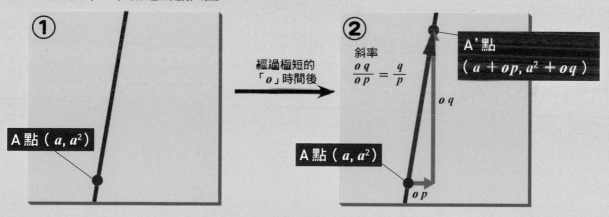

根據牛頓的想法，小點在曲線上移動。移動點來到 A 點（a, a^2）的瞬間（①）經過「o」時間後，移動到 A' 點（$a+op$, a^2+oq）（②）。

因為點是在曲線上移動，所以點的移動軌跡「A–A'」也是曲線。但是牛頓認為在接近無限小的時間「o」內移動的距離非常短，因此可以視為直線。於是，「直線 A–A'」為位在 A 點之移動點的行進方向，就等同是切線的斜率。

微分的核心概念！何謂「導函數」？

可算出曲線任一點之切線斜率的萬能公式是什麼？

有求萬能公式的方法！

（接續前頁）

前 頁求到之 A' 點的座標值（$a + op$, $a^2 + oq$）代入曲線的式子「$y = x^2$」中（左頁步驟 2）。

然後求出移動點移動形成之「直線 A–A'」的斜率「$\frac{q}{p}$」（右頁步驟 3）。就這樣，使用牛頓的想法，可實際求出 A 點（a, a^2）的切線斜率為「$2a$」。

這樣的結果代表什麼意思呢？當 $a = 3$ 時，點（a, a^2）即為點（3, 9），而該切線斜率為 $2a = 2 \times 3 = 6$。事

步驟 2　將 A' 點的座標代入曲線的算式中，結果為何呢？

A' 點的 x 座標為 $a + op$，y 座標為 $a^2 + oq$。
因 A' 點為曲線「$y = x^2$」上的點，故可將 $y = a^2 + oq$、$x = a + op$ 代入 $y = x^2$ 中。

$$y = x^2$$

$$(a^2 + oq) = (a + op)^2$$

在此使用下面公式，脫去右邊的括弧

$$(a + b)^2 = a^2 + 2ab + b^2$$

經過計算

$$a^2 + oq = a^2 + 2aop + o^2p^2$$

兩邊同減去 a^2

$$oq = 2aop + o^2p^2$$

兩邊同除「o」

$$q = 2ap + op^2$$

實上，只要利用點（a, a^2）的切線斜率「$2a$」，就能計算出曲線上所有點的切線斜率。

換句話說，在此所求出的「$2a$」是表示可求出 $y = x^2$ 曲線上所有點之切線斜率的「萬能式子」。

步驟3 計算切線斜率，結果為何？

想要求的是直線A－A'的斜率「$\dfrac{q}{p}$」。

但是我們並不知道「p」、「q」各是什麼樣的值。

因此，將左邊化為有「$\dfrac{q}{p}$」的形式，以求出「$\dfrac{q}{p}$」的值。

兩邊同除「p」
$$\frac{q}{p} = 2a + op$$

牛頓認為因「o」的值無限小，因此右邊的「op」可以略而不計。

【答】　A點的切線斜率　$\dfrac{q}{p} = 2a$

將函數「微分」所產生的新函數，就是「導函數」！

因微分而誕生表示切線斜率的函數

誠如第 30 頁介紹的，表示像「$y = x^2$」這類當 x 決定之後 y 也跟著決定之關係的式子稱為「函數」。在此，讓我們來思考另一種新的函數吧。

該新函數是當 x 決定後，「該 x 座標上之 $y = x^2$ 的切線斜率」也跟著決定。這就是前頁所求得的，表示「$y = x^2$ 的切線斜率」之萬能式子就是「$2a$」，若將 x 代入 a，就是 $2x$。換句話說，表示切線斜率（以下稱為

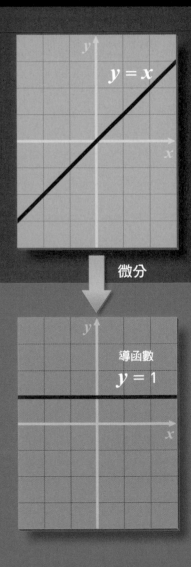

$y = x$

微分

導函數
$y = 1$

將 $y = x$ 微分

「$y = x$」圖形上任何點的座標都能使用常數 a，以 (a, a) 來表示。在此，求 A 點 (a, a) 的切線斜率。在「$y = x$」上移動的 A 點在極短時間「o」間移動到 A' 點 $(a + op, \ a + oq)$。將 A' 點的座標值代入「$y = x$」中。

$$y = x$$
$$(a + oq) = (a + op)$$

經過計算
$$\cancel{a} + oq = \cancel{a} + op$$

兩邊同除「o」
$$q = p$$

兩邊同除「p」
$$\frac{q}{p} = 1$$

經過計算得知，在「$y = x$」上的 A 點 (a, a) 切線斜率（$\frac{q}{p}$）的表示式為「1」。

> 由此可知，「$y = x$」的導函數為「$y = 1$」。

y）與 x 之關係的新函數即為「$y = 2x$」。亦即，從原來的函數產生表示切線斜率的「新函數」。

　　從原函數產生的新函數稱為「導函數」。求導函數便是「將函數微分」。那麼，將 $y = x$ 或是 $y = x^3$ 微分，會變成什麼樣的導函數呢？請看下面的解說（只要看圖形和導函數的式子即可）。

將 $y = x^3$ 微分

同樣，在「$y = x^3$」上移動的 A 點（a, a^3）在極短時間「o」間移動到 A' 點（$a + op, a^3 + oq$）。將 A' 點的座標值代入「$y = x^3$」中。

$$y = x^3$$
$$(a^3 + oq) = (a + op)^3$$

經過計算
$$a^3 + oq = (a + op) \times (a + op)^2$$
$$a^3 + oq = (a + op) \times (a^2 + 2aop + o^2p^2)$$
$$a^3 + oq = a^3 + 3a^2op + 3ao^2p^2 + o^3p^3$$

兩邊同除「o」
$$q = 3a^2p + 3aop^2 + o^2p^3$$

兩邊同除「p」
$$\frac{q}{p} = 3a^2 + 3aop + o^2p^2$$

由於「o」非常小，因此可將右邊含有「o」的項（$3aop$ 與 o^2p^2）忽略不計。因此，

$$\frac{q}{p} = 3a^2$$

經過計算得知，在「$y = x^3$」上的 A 點（a, a^3）切線斜率（$\frac{q}{p}$）的表示式為「$3a^2$」。

由此可知，「$y = x^3$」的導函數為「$y = 3x^2$」。

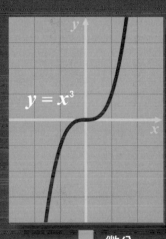

$y = x^3$

微分

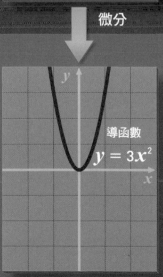

導函數
$y = 3x^2$

若使用公式，就能很容易求出「導函數」！

最基本且重要的微分公式

讓我們將前面介紹過的導函數排列起來看看吧！$y = x$ 的導函數為 $y = 1$，$y = x^2$ 的導函數為 $y = 2x$，$y = x^3$ 的導函數為 $y = 3x^2$，另外，誠如左頁所示（不必深究，感受一下即可），$y = x^4$ 的導函數為「$y = 4x^3$」。經過這樣的排列，您是否發現到某種法則呢？

當轉換成導函數時，原本在 x 右上角的數字變成在 x 的前面，而右上角的數字減去 1。事實上，該法則不僅

將 $y = x^4$ 微分

同樣，在「$y = x^4$」上移動的 A 點（a, a^4）在極短時間「o」間移動到 A' 點（$a + op$, $a^4 + oq$）。將 A' 點的座標值代入「$y = x^4$」中。

$$y = x^4$$

$$(a^4 + oq) = (a + op)^4$$

經過計算

$$a^4 + oq = (a + op)^2 \times (a + op)^2$$

$$a^4 + oq = (a^2 + 2aop + o^2p^2) \times (a^2 + 2aop + o^2p^2)$$

$$a^4 + oq = a^4 + 4a^3op + 6a^2o^2p^2 + 4ao^3p^3 + o^4p^4$$

兩邊同除「o」　　$q = 4a^3p + 6a^2op^2 + 4ao^2p^3 + o^3p^4$

兩邊同除「p」　　$\dfrac{q}{p} = 4a^3 + 6a^2op + 4ao^2p^2 + o^3p^3$

由於「o」的值非常小，因此可將右邊含有「o」的項（$6a^2op$ 與 $4ao^2p^2$ 與 o^3p^3）忽略不計。因此，

$$\frac{q}{p} = 4a^3$$

經過計算得知，在「$y = x^4$」上的 A 點（a, a^4）切線斜率（$\frac{q}{p}$）的表示式為「$4a^3$」。

> 由此可知，「$y = x^4$」的導函數為「$y = 4x^3$」。

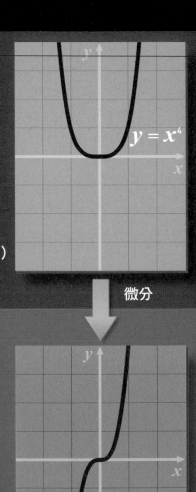

$y = x^4$

微分

導函數
$y = 4x^3$

限在這裡所介紹的範例成立，x 右上角的數字不論是什麼數字也都成立。若表示成一般式，就是將 $y = x^n$ 的函數微分，導函數為 $y = nx^{n-1}$。這是最基本且重要的微分公式。

只要記住該公式，即使未使用前面介紹的「o」進行一個個的計算，也能輕鬆求出導函數（就是微分）。

微分的重要公式

一般，將「$y = x^n$」微分，則可以得到「$y = nx^{n-1}$」之形式的導函數。

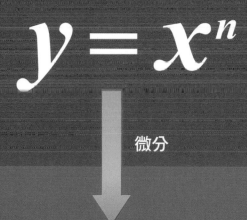

$$y = x^n$$

微分

導函數 $$y = nx^{n-1}$$

在上面公式中，n 為負數、分數或小數也都成立。此外，「x 的 -1 次方」以「$\frac{1}{x}$」，「x 的 $\frac{1}{2}$ 次方」以「$\sqrt{x}$」來表示。

以雲霄飛車為例，實際體會「導函數的威力」！

觀察導函數可獲知原曲線的「變化」

使用微分法能夠在拋物線上畫出切線，求出時時刻刻都在變化之砲彈的行進方向。微分法不僅能夠用在拋物線，像右圖這種有高有低的曲線，只要知道曲線的方程式（對應的函數），即可使用微分法，得知導函數。

觀察導函數的曲線即可瞭解原曲線的「變化」。以右圖為例，觀察導函數即可發現以F點為界，斜率值由正轉為負。這表示原曲線之F點為「頂點」（極大值）。此外，觀察導函數也可以瞭解原曲線「升、降的陡峭程度」（傾斜程度）。

若將現實世界的各種現象畫成圖來看，若能使用微分法求出導函數的話，就可以分析何時是在頂點、何時是在谷底（極小值）、變化的程度（升、降的傾斜度）。微分法是用以正確分析變化萬千之世界很有效的工具。

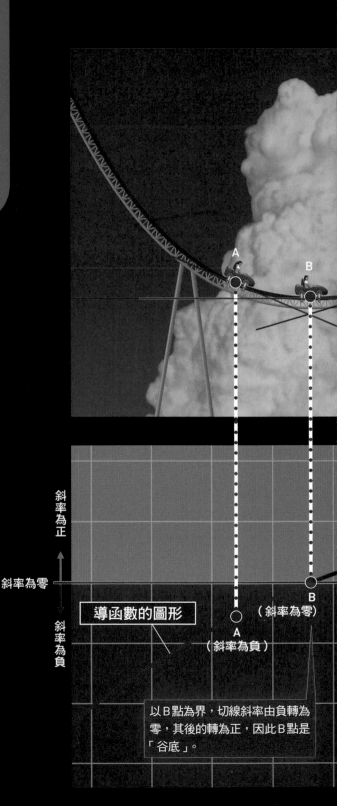

斜率為正

斜率為零

斜率為負

導函數的圖形

B（斜率為零）

A（斜率為負）

以B點為界，切線斜率由負轉為零，其後的轉為正，因此B點是「谷底」。

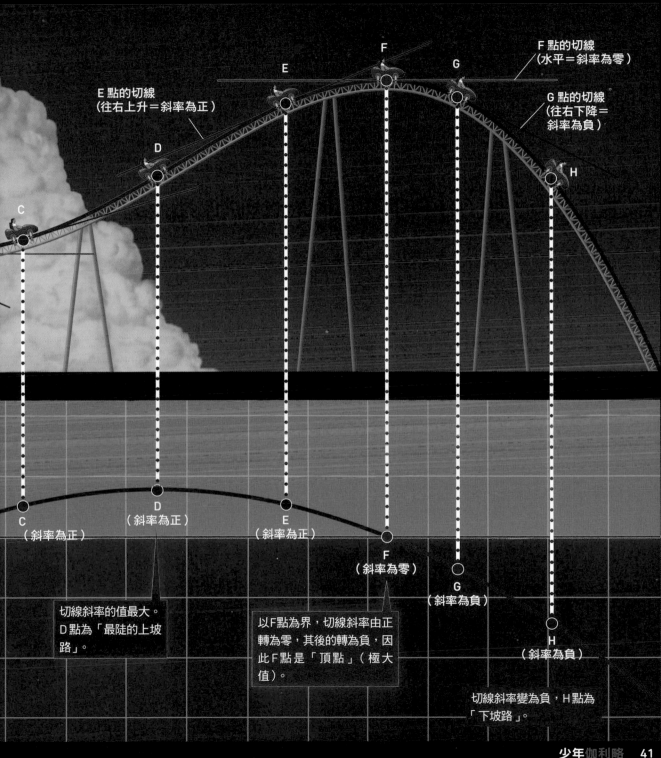

F 點的切線
（水平＝斜率為零）

E 點的切線
（往右上升＝斜率為正）

G 點的切線
（往右下降＝
斜率為負）

E

F

D

G

C

H

C
（斜率為正）

D
（斜率為正）

E
（斜率為正）

F
（斜率為零）

G
（斜率為負）

H
（斜率為負）

切線斜率的值最大。
D點為「最陡的上坡
路」。

以F點為界，切線斜率由正
轉為零，其後的轉為負，因
此F點是「頂點」（極大
值）。

切線斜率變為負，H點為
「下坡路」。

微積分的創始者是誰？牛頓與萊布尼茲之爭

崇尚祕密主義（secretiveness）的牛頓在1665年左右想出微積分法的基本定理，然而一直到約40年後的1704年之前他都沒有發表。另一方面，德國的哲學家、數學家萊布尼茲（Gottfried Wilhelm Leibniz，1646～1716）大約是1675年左右獨自發展出微積分的基本定理，然後他率先在1684年發表微積分基本定理的

牛頓

萊布尼茲

相關論文。

引發微積分創始者之爭的導火線是1699年的事件。牛頓的追隨者——瑞士的數學家德丟列（Nicolas Fatio de Duillier，1664～1753）在他自己的書中指出牛頓才是微積分的創始者，萊布尼茲竊取了牛頓的概念。這樣的說法惹怒萊布尼茲，並提出激烈的反駁。另一方面，牛頓也在自己的著作中隱晦提到微積分基本定理是自己先發現的，萊布尼茲抄襲他的理念。

這場世紀之爭，最終由英國皇家學會在1713年拍板認定「牛頓是第一發現者」。牛頓是英國皇家學會會長，他在背後操縱，有這樣的結論其實並不讓人意外。萊布尼茲在此不公正的調查結果發表的 3 年後，抑鬱而終了。

牛頓 vs. 萊布尼茲　相關年表

1642年	牛頓出生
1646年	萊布尼茲出生
1665年	牛頓發現微積分的基本定理
1675年	萊布尼茲發現微積分的基本定理
1676年	萊布尼茲訪問倫敦，拜讀牛頓的論文 牛頓與萊布尼茲之間有書信的往返
1684年	萊布尼茲發表微積分的論文
1699年	牛頓的追隨者德丟列指責萊布尼茲竊取了牛頓的概念
1704年	牛頓在《曲線求積法》中發表微積分的成果 自此與萊布尼茲的論戰趨於白熱化。
1711年	萊布尼茲將抗議書遞交給英國皇家學會
1713年	英國皇家學會（＝牛頓）認定微積分的創始者為牛頓
1716年	萊布尼茲歿
1727年	牛頓歿

與微分配成對的「積分」是什麼概念呢？

求出「被曲線包圍之面積」的方法就是積分

分割到最細之後再加總

接 下來，讓我們來認識與微分成對的「積分」（integration）。積分究竟是什麼樣的數學概念呢？

正如右圖所示，生活中可能會有必須正確計算彎曲的沿河土地面積的機會。我們知道由直線圍成的土地面積很容易就可以算出來；但是由曲線圍成的土地面積，到底應該怎麼算呢？

為了回答類似的疑問，因此發展出積分。微分是用以畫出曲線切線的方法；積分則是「求出被曲線包圍之面積的方法」。

積分的基本想法就是「先分割成細長形，然後再將這些細長形面積加總起來」，以求得被曲線包圍的面積。該方法在西元前的古希臘時代就已經出現，17世紀該想法變得更加精鍊。不過當時的方法計算起來十分繁瑣，而且又不夠正確。而這些問題，最終被牛頓漂亮地解決了。

如何切割成細長方形呢？

將被曲線包圍的面積先切割成細長方形後，再將面積加總，以求出總面積。但是在切割成長方形時，曲線間會出現「誤差」（粉紅色的部分）。我們知道，切割得越細，誤差會變得越少，但是所須進行的計算會變得越多。

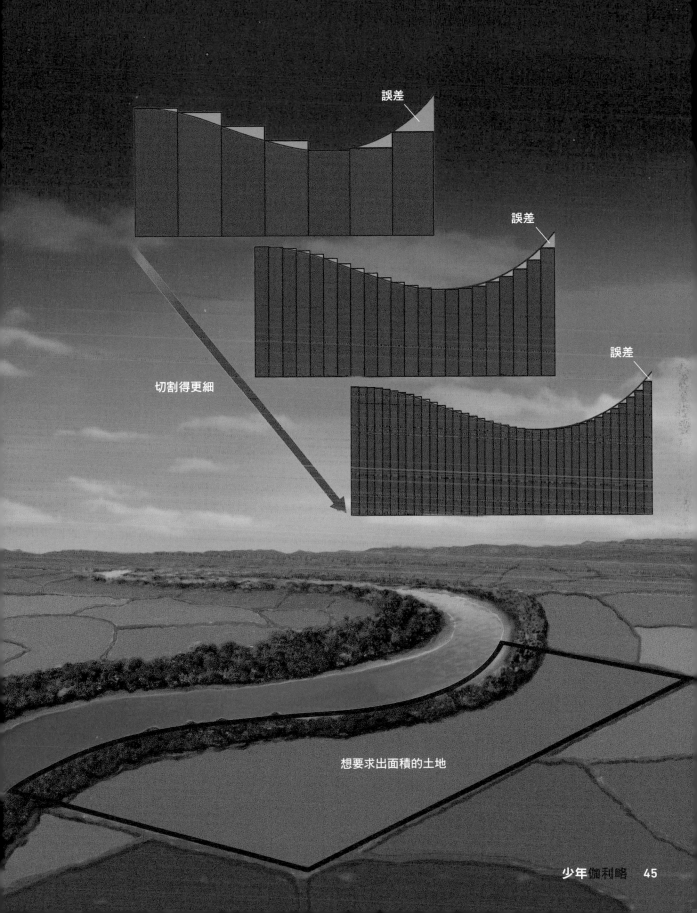

誤差

誤差

切割得更細

誤差

想要求出面積的土地

與微分配成對的「積分」是什麼概念呢？

「積分」源自西元前的阿基米德

阿基米德所採用的「窮舉法」是什麼樣的方法？

古希臘的數學家暨物理學家阿基米德（Archimedes of Syracuse，約前287～約前212）展示了「被拋物線與直線包圍之區域」的面積求法。利用名為「窮舉法」（method of exhaustion）的方法，從被拋物線與直線包圍的區域，切割出與拋物線內側相接的三角形，然後又從剩餘部分切割出其他三角形，這樣的步驟反覆進行，最終拋物線內側全部的三角形都被切割出去了。

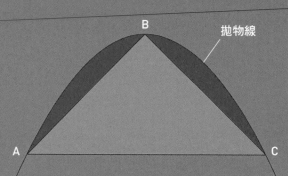

設求被拋物線與直線AC包圍之面積。首先以直線AC為底邊，位在拋物線AC上的一點B為頂點，畫出△ABC，並將之從拋物線的內部切取出來。此時，取三角形高度最高（面積最大）的為B點。

以直線AB為底邊，取拋物線AB上的一點D為頂點，畫出△ABD，並將之切取出來。此時，也是取三角形高度最高（面積最大）的為D點。△ABD的面積為△ABC的 $\frac{1}{8}$。並且也以同樣步驟取出△BEC。

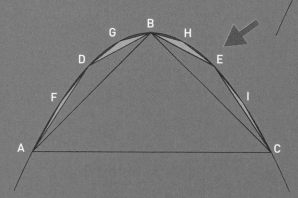

相同方式取出的△ADF面積又是△ABD的 $\frac{1}{8}$。換句話說，就是△ABC的 $\frac{1}{64}$。以相同方式陸續切分出更多的小三角形。

阿基米德將第一個切取出來的三角形當做 1，接著切割出來的小三角形為 $\frac{1}{8}$，另一個切出來的小三角形也是之前的 $\frac{1}{8}$。將所有陸續取出的更小三角形「無限」相加，結果是總面積為最初三角形的 $\frac{4}{3}$。經過證明，該結果與拋物線內側的面積吻合。

　　積分的起源可以追溯到2000多年以前的古代。

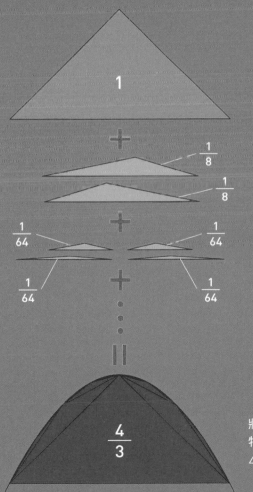

阿基米德
（約前 287 ～約前 212）

將所切割出來的三角形全部加總起來，就能求出拋物線內側的面積。經過計算得知，若設最初的 △ABC為1，那麼加總所得到的面積就是 $\frac{4}{3}$。

使用「積分」可闡明行星運動定律

將積分的構想應用於天文學的克卜勒

距離太陽較遠時的火星公轉運動

在 阿基米德的大約1800年後，出現一位將「分割成極小部分然後再加總」的積分概念應用於天文學的人，這人便是德國的數學家也是天文學家的克卜勒（Johannes Kepler，1571～1630）。1604年左右，克卜勒為了得知火星的正確運行軌道，便根據他老師——丹麥的天文學家第谷（Tycho Brahe，1546～1601）所留下的大量火星觀測紀錄，嘗試進行各式各樣的計算。

在嘗試過各種錯誤之後，終於發現現在眾所皆知的「克卜勒第二定律」，其內容為「在相等時間內，太陽與火星之連線其所掃過的面積皆相等」。跟阿基米德一樣，克卜勒將太陽與火星之連線掃過所形成的扇形面積，切割成極小的三角形，一一的算出面積，然後再加總起來。克卜勒的這項成就，對於17世紀的積分發展邁出了非常重要的一步。

何謂克卜勒第二定律？

諸如火星等行星的公轉運動，會隨著距離太陽愈遠而變得愈慢（下圖左邊），距離愈近變得愈快（下圖右邊）。但若比較在同樣時間間隔內公轉運動所掃過的面積的話，太陽與火星連線所掃過的扇形面積（綠色與紅色）一直都相等，這就是克卜勒第二定律。克卜勒將扇形面積切割成非常小的三角形，然後再將這些小三角形的面積予以加總，算出扇形面積。

距離太陽較近時的
火星公轉運動

太陽

極小的三角形
（克卜勒認為兩者的面積相等）

與微分配成對的「積分」是什麼概念呢？

17世紀時，積分已經變得十分精鍊了！

無數的「線」堆積成「面」

在 17世紀，讓積分技法有長足發展的人，正是伽利略的學生卡瓦列里（Francesco Bonaventura Cavalieri，1598～1647）以及托里切利（Evangelista Torricelli，1608～1647）。

從克卜勒的方法得到啟示的卡瓦列里認為若將「立體」切割得無限細薄的話，就會成為「面」，而若將「面」切割得無限細的話，就會成為「線」。反過來說，無數的線（面）

由線形成面，由面形成立體

卡瓦列里認為將「面」切割得無限小，就會變成「線」；若將「立體」切割的無限小，就會是「面」。卡瓦列里將切割得無限小者稱為「不可分量」。他應用此發想，發展出「卡瓦列里原理」（不可分量原理）等求面積、體積的積分技法。

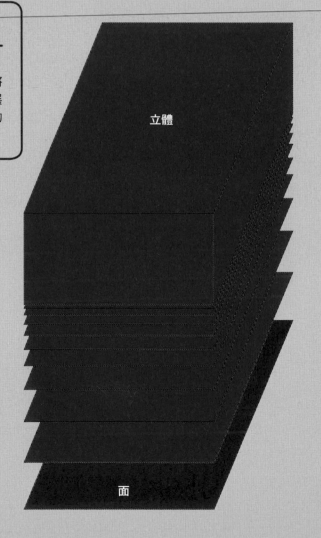

立體

面

線

面

堆積起來就會變成面（立體）。

　　另外，托里切利將卡瓦列里的想法進一步發展，想出求被拋物線等曲線包圍之部分的面積，以及曲線旋轉所形成之立體體積的方法。

　　以上這些精鍊的積分技法仍然殘留某些課題。跟微分一樣，這些課題最終也被牛頓解決了。

卡瓦列里
（1598～1647）

托里切利
（1608～1647）

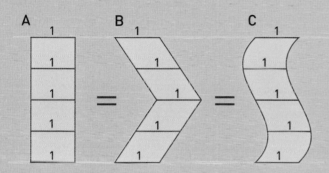

卡瓦列里原理（不可分量原理）

下面A、B、C三個圖形被平行的直線切過時，若切口寬度一直保持相等，那麼A、B、C的面積也相等。被平行的面切過時，切口面積一直保持相等的二個圖形D、E，其體積也相等。

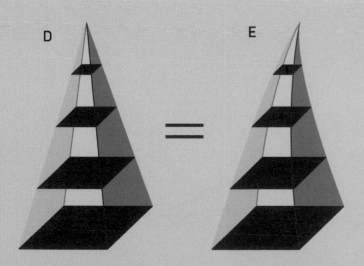

若求出「原始函數」，即可算出被曲線包圍的面積！

「導函數之原本函數」就是原函數

為要了解牛頓在積分方面所做的貢獻有多大，我們先來思考下面這個問題。

求表示函數 $y = 1$ 之直線（圖①的靛藍色線）下方（至 x 軸止），x 座標從 0 到 x 區域（綠色長方形）之面積的新函數。長方形之底邊長度為「x」、高為 1，所以綠色長方形的面積為底邊（x）× 高（1）＝「x」。換句話說，新函數為 $y = x$。

接下來看函數 $y = 2x$ 之直線，求

① $y = 1$ 下方的面積是？

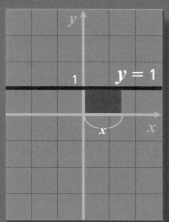

② $y = 2x$ 的下方面積是？

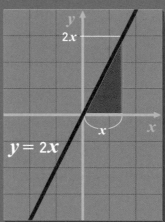

表示綠色區域面積的函數

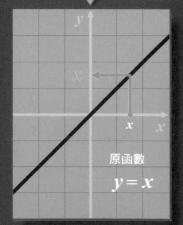

原函數
$$y = x$$

表示綠色區域面積的函數

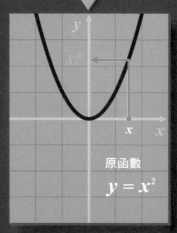

原函數
$$y = x^2$$

表示其下方面積（圖②的綠色三角形）的新函數。三角形的底邊長度為 x，高為 $2x$，綠色三角形的面積為底邊 $x \times$ 高 $2x \div 2 = x^2$。換句話說，新函數為 $y = x^2$。

各位看到這裡上下成對的圖是否覺得眼熟呢？是的，它們就是與前面微分中出現之導函數反過來的原函數。而這種「逆」關係的發現者就是牛頓。

導出表示面積之函數者稱為「積分」，而經由積分所產生的新函數稱為「原函數」（primitive function）。

【發展】 $y = 3x^2$ 的下方面積是？

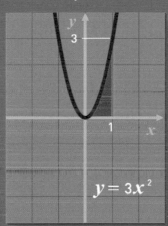

$y = 3x^2$

由於綠色區域的上面部分呈曲線，無法以簡單的方式求出面積。但圖中函數與其原函數的關係，等同於導函數與某個函數的關係。換句話說，若能發現某函數的「導函數為 $y = 3x^2$」，便可得知該函數為 $y = 3x^2$ 的原函數。誠如37頁所看到的，該函數為 $y = x^3$。

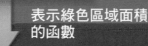

表示綠色區域面積的函數

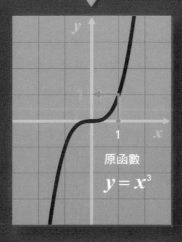

原函數

$y = x^3$

與微分一樣，「積分」也有「便利的公式」！

求原函數的積分重要公式

將 $y = x^2$ 微分，得到導函數 $y = 2x$。另一方面，若將 $y = 2x$ 積分，則可以得到原函數 $y = x^2$。由此可知，「微分」與「積分」為「逆運算」的關係。

就像有很容易就能求出導函數的公式（39頁）一般，原函數也能使用下面公式求出。一般來說，將 $y = x^n$ 的函數積分，就會得到原函數 $y = \frac{1}{n+1} x^{n+1} + C$（$n = -1$ 的情形除外），這是最基本且重要的積分公式

積分的重要公式

一般而言，將「$y = x^n$」積分，可以得到「$y = \frac{1}{n+1} x^{n+1} + C$」之形式的原函數。

$$y = x^n$$

積分

原函數

$$\int y\, dx = \frac{1}{n+1} x^{n+1} + C$$

上面的公式，除了 n 為「-1」以外所有的數皆可成立，C 為常數。跟微分的重要公式（39頁）相較，即可發現它們互為「逆運算」的關係。
（積分常數 C 經過微分就會變為 0 而消除）

之一。C 稱為「積分常數」（integral constant），表示是無法僅限於一種可能的未固定常數。

函數積分時會使用「$\int$」（integral）、「dx」、「C」等符號。將「$y = 3x^2$ 積分，就會得到 $y = x^3 + C$」的原函數。

$$\int y\,dx \quad = \quad \int 3x^2 dx = x^3 + C$$

【讀法】 integral y d x　　integral 3 x 平方 d x

積分法所使用的符號及其意義

「$\int$」是表示「合計」的拉丁語「summa」的第一個字母「s」的拉長版。想出使用「$\int$」之積分表記法的人並非牛頓，而是微積分的另一位創始者萊布尼茲。

次頁將彙整說明「微分」與「積分」之符號的由來與意義。

Column

Coffee Break

· · · · · · · · · · · · · · · · · · · ·

微積分符號
的意義

在微分學中，將函數 $y=f(x)$ 微分後的函數（導函數）寫成 $\frac{dy}{dx}$ 或是 y' 等。~~但，這個符號是表示整體微分（導函數）的一個符號，並非分數。~~

微分的英文為「differential」，首位將微分命名為有「差」之意的「differential」的人，是微積分發現

插圖所示為微分（左頁）與積分（右頁）所使用之主要符號的由來與意義。

 微分

$$\frac{dy}{dx}$$

d 為 differential（差）的第一個英文字母。

微分的符號表示切線斜率

表示函數 $y=f(x)$ 之切線斜率的函數（導函數），如上所示，可使用 dy 和 dx 來表示。此源於萊布尼茲以極小之三角形的邊（dy、dx）的比來計算切線斜率。

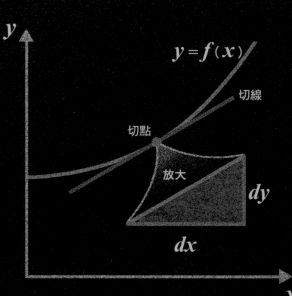

導函數還有其他的表示方式

$$y' \qquad \frac{d}{dx}f(x)$$
$$f'(x)$$

者之一的萊布尼茲(1646 ～ 1716)。dy、dx 分別是 y、x 的「微小增分」（差分，指鄰近兩點函數值的差次）之意，d 是 differential 的第一個字母。

在積分學中，將求函數 $y = f(x)$ 之下方面積的函數（原函數）寫成 $\int y\,dx$。「$\int$」讀作「ˈɪntəɡrəl」，積分的英文為「integral」，integral 是「整體」之意，瑞士數學家白努利（Jacob Bernoulli，1654 ～ 1705）等人首度用此字來指積分。

「$\int$」原本是表示「和、總和」的拉丁語「summa」第一個字母「s」的義大利體（Italic type，即斜體）。

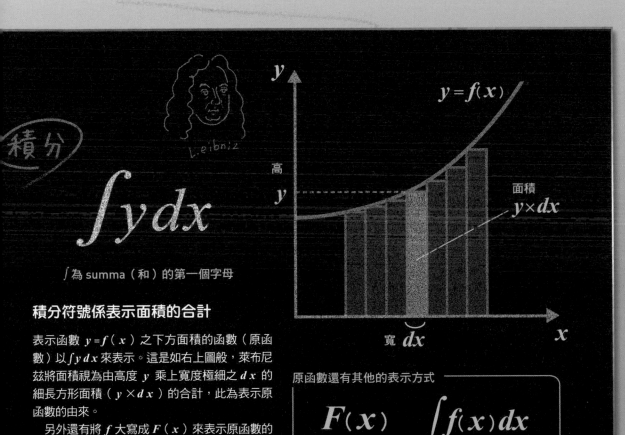

積分

$$\int y\,dx$$

∫為 summa（和）的第一個字母

$y = f(x)$

高
y

面積
$y \times dx$

寬 dx

x

積分符號係表示面積的合計

表示函數 $y = f(x)$ 之下方面積的函數（原函數）以 $\int y\,dx$ 來表示。這是如右上圖般，萊布尼茲將面積視為由高度 y 乘上寬度極細之 dx 的細長方形面積（$y \times dx$）的合計，此為表示原函數的由來。

另外還有將 f 大寫成 $F(x)$ 來表示原函數的方式。

原函數還有其他的表示方式

$$F(x) \qquad \int f(x)\,dx$$

微分與積分終於合而為一了！

因為牛頓的大發現，微分與積分終於合而為一！

積分的逆運算是微分，微分的逆運算是積分

牛頓在1665年左右發現求切線斜率的「微分」與求面積的「積分」有神奇的「逆運算」關係，這是在此之前各行其道的「微分」與「積分」，統一成為「微積分」的一刻。

因著這樣的發現，牛頓被視為微積分的創始者，而微分與積分之逆運算關係被稱為「微積分基本定理」。

若使用微積分基本定理，就不需要將圖形分割成細碎的圖形了。反之，只要求表示面積的原函數即可。

所謂原函數就是若將之微分就會變回最初函數的函數。就這樣，很容易又能正確地求出被曲線包圍之區域的面積。

微分

導函數

$f(x)$

原函數

F(x)

積分

微分與積分是「逆運算」的關係

下面是微分與積分的關係圖。將 $F(x)$ 微分為 $f(x)$ 時，$f(x)$ 為 $F(x)$ 的導函數。此外，由於微分與積分有「逆運算」的關係，因此將 $f(x)$ 積分，就可以得到 $F(x)$。此時，$F(x)$ 為 $f(x)$ 的原函數。

使用微積分，試求太空船的未來高度！

挑戰使用微積分來解題

問題 從地面發射升空的太空船，一面加速一面上升。其上升速度（m/s，公尺/每秒）以平均每秒「16 m/s」的速度增加（圖①）。在發射100秒後，該太空船距離地面的高度分別是多少？

解法 由於以每秒16m/s的上升速度加速，因此 x 秒後的速度 y 為 $y=16x$。由於速度微分可得知加速度，速度積分可知距離（高度），現在就讓我們試試將速度函數積分吧！

利用微積分「預測未來」

將太空船發射後的時間推移與上升速度的關係（函數）做成圖表，就是圖①。將該函數積分，即可得到時間與上升距離（高度）的函數，將之做成圖表就是圖②。若使用圖②，即可藉由計算求得在未來某個時點的太空船高度。此外，將速度函數微分，即可得到加速度函數。將之以圖表來表示，就是圖③。

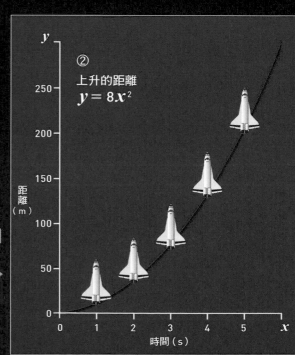

② 上升的距離 $y = 8x^2$

對時間微分

對時間積分

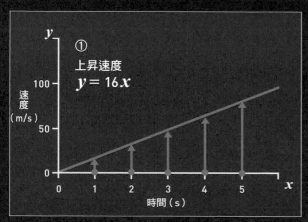

① 上昇速度 $y = 16x$

將「$y=16x$」積分，可以得到「$y=8x^2+C$」這樣的原函數。x 表示時間（s），y 表示上升距離（m）。因為發射時（$x=0$）的已上升距離為零（$y=0$），由此可知 $C=0$。亦即，已上升之距離的函數為「$y=8x^2$」（圖②）。

若將 $x=100$ 代入此函數中，即可求出100秒後的高度。經過計算，100秒後的高度為「80,000公尺」。

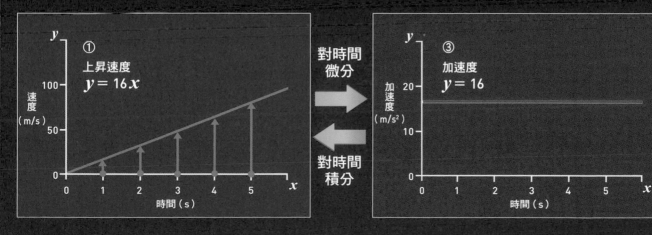

哈雷彗星證明「微分與積分」的威力！

完全按照微積分運算結果來訪的彗星

有個讓牛頓的微積分威力發揮無遺的「事件」。天文學家哈雷（Edmond Halley，1656～1743）是牛頓的知己，他從牛頓那裡學習到微積分的技法和物理定律。

當時，天文學界有個困擾多時的問題，這就是計算彗星的軌跡。哈雷注意到1531年、1607年和1682年飛來的彗星，它們的軌跡特徵非常相似。哈雷看穿它們應該是同一顆彗星，因此在正確計算軌跡後，大膽提出：「1758年，彗星會再度造訪地球」的預言。當時，彗星可說是神祕的天體，人們相信它是將會發生不祥事件的預兆。

而在1758年的聖誕節，幾乎就跟哈雷所預言的一樣，彗星的身影再度出現在夜空中。該彗星便是後來我們所稱的「哈雷彗星」（Halley's Comet）。這是牛頓所創立的微積分打破迷信和神祕主義，展現其正確性和威力的一刻。

金星

地球

1758年，哈雷彗星「歸來」

就跟哈雷所預言的一樣，哈雷彗星在1758年底到1759年的期間接近了地球。哈雷取得大量過去彗星的記錄，計算軌跡，闡明哈雷彗星的軌跡為「橢圓」。通常，彗星是根據發現者來命名，不過哈雷彗星例外。哈雷計算出該彗星的軌跡，並預言其會再歸來，因為如此偉大的成就，故以他的名字來命名。

太陽

水星

火星

哈雷彗星

哈雷彗星的軌跡

將圓周長積分，所得就是圓面積

將欲求面積的部分切割成小單元再加總

眾所皆知，圓的周長可以利用「直徑 × 圓周率」求得。設半徑長度為 r，圓周率為 π，則圓周長可用「$2\pi r$」來表示。而圓面積可利用「半徑 × 半徑 × 圓周率」求得，若使用半徑 r 來表示，圓面積就是「πr^2」。事實上，圓面積可以藉由將圓周長積分來求得。為什麼會這樣呢？設在半徑為 r 的圓內部，有具共同圓心，半徑為 x 的小圓（$r > x$）。假設半徑為 x 的圓周有些微的厚度，該厚

A

半徑為 x 之圓的圓周長可以表示為「$2\pi x$」。誠如右圖所示，若圓周具有些許厚度 dx，那麼該具有厚度的圓周面積可表示為「$2\pi x \times dx$」。

重要公式

$$圓周長 = 2\pi r$$

厚度 dx
半徑 x
圓周長 $2\pi x$

B 將具有厚度的圓周面積全部加總

將具有些許厚度 dx，半徑為 x 之圓的圓周面積「$2\pi x \times dx$」從半徑為 r 之圓的圓心（半徑＝0）到邊緣（半徑＝r）全部加總起來，即可求出圓的面積（下圖）。以數學方式表達，就是「將 $2\pi x$ 從 0 到 r 積分」，可用右邊的式子來表示。經過計算，半徑為 r 之圓的面積為「πr^2」。

重要公式

$$圓面積 = \pi r^2$$

$$\int_0^r 2\pi x\,dx = 2\pi\int_0^r x\,dx$$
$$= 2\pi \cdot \left(\frac{1}{2}x^2\right)\Big|_0^r$$
$$= 2\pi\left(\frac{1}{2}r^2 - 0\right)$$
$$= \pi r^2$$

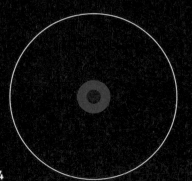
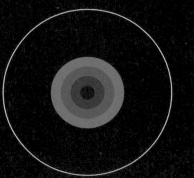

......

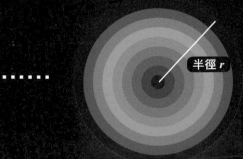

半徑 r

度為 dx（左頁的插圖 A）。於是，該具有厚度，半徑為 x 的圓周面積可以想成是「圓周長度 × 厚度」，亦即「$2\pi x \times dx$」。

在此，我們想像將該具有些許厚度的圓周，如洋蔥的剖面般，緊密填塞在半徑為 r 之圓內部的情形。我們知道此時的圓面積是由前面所說具有些微厚度的圓周從中心往邊緣全部加總而成（左頁的插圖 B）。

事實上，這樣的思考方式可以表示

為圓周長積分可以得到圓面積。若以文字來描述此作業的話，相當於圓半徑 x 從 0 到 r 逐漸增加，然後將所有的圓周長 $2\pi x$ 加總起來。數學上稱此為「$2\pi x$ 從 0 到 r 的積分」。

定積分的計算方法

何謂定積分？

誠如內文所介紹的一般，變量限定在一定範圍內的積分稱為「定積分」（definite integral）。

設某函數 $f(x)$ 的原函數（不定積分）以 $F(x)+C$ 來表示（C 為積分常數）。讓我們來看看當該原函數 $x = b$ 時的值與 $x = a$ 時的值的差。於是，

$$F(b)+C-\{F(a)+C\}=F(b)-F(a)$$

積分常數被消除。換句話說，原函數之二值的差與積分常數無關。

當某函數 $f(x)$ 的原函數之一為 $F(x)$ 時，該二值的差 $F(b)-F(a)$ 稱為從 a 到 b 的「定積分」。定積分以像下面這樣的符號來表示。

$$\int_a^b f(x)\,dx$$

將定積分的範圍（從 a 到 b）分別寫在積分符號「$\int$」的上下。又，定積分開始的值（此處為 a）寫在下面，結束的值（此處為 b）寫在上面。

定積分是表示什麼？

事實上，定積分係表示 $f(x)$ 與 x 軸，在 $x = a$ 與 $x = b$ 二直線間所包圍之區域面積（但，是在 $a \leqslant x \leqslant b$ 的範圍內，$f(x) \geqslant 0$ 時。請參考下圖）

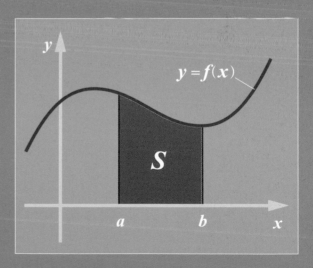

使用積分也能求出球的體積

求圓面積的發想也適用於求球的體積

誠如前頁所述，將圓的周長積分可以求得圓的面積。這樣的發想不僅適用於平面的「圓」，也適用於立體的「球」。

現在，設在半徑為 r 的球內部，有具共同圓心，半徑為 x 的小球（$r > x$）。假設半徑為 x 的球表面具有些許厚度 該厚度為 dx（下面的插圖 A）。於是，該具有厚度，半徑為 x 之球表面（球殼）的體積可以想成是「球的表面積 × 厚度」。已知球的表面積為

A 有些微厚度的球表面體積

半徑為 x 之球的表面積（右圖的黃色部分）可以表示為「$4\pi x^2$」。誠如右圖所示，若球表面具有些許厚度 dx，那麼該具有厚度之球表面（球殼）的體積可表示為「$4\pi x^2 \times dx$」。

重要公式

$$球的表面積 = 4\pi r^2$$

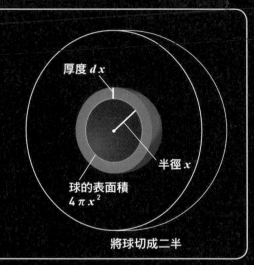

厚度 dx

半徑 x

球的表面積 $4\pi x^2$

將球切成二半

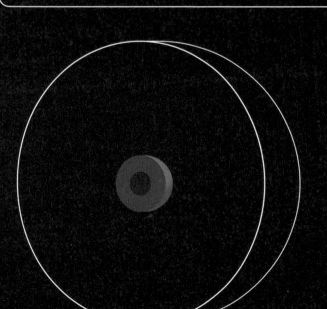

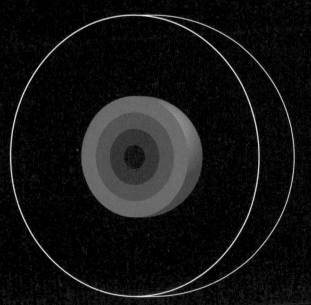

「$4\pi x^2$」，所以體積就是「$4\pi x^2 \times dx$」。

在此，我們想像將該具有些許厚度的球殼，如洋蔥的剖面般，緊密填塞在半徑為 r 之球內部的情形。我們知道此時球的體積是由前面所說具有些微厚度的球殼從中心往球表面全部加總而成（下面的插圖 B）。若以文字來描述將球心到球表面的所有球殼加總起來的作業的話，相當於球半徑 x 從 0 到 r 逐漸增加，然後將所有的球

表面積 $4\pi x^2$ 加總起來。數學上稱此為「$4\pi x^2$ 從 0 到 r 的積分」。

具體的計算過程如右頁下方所示，最後得到半徑 r 之球的體積為「$\frac{4}{3}\pi r^3$」。由於微分與積分有逆運算的關係，所以將球體積微分，可以求得球的表面積。

B 將具有厚度的球殼體積全部加總

將具有些許厚度 dx，半徑為 x 之球的球殼體積「$4\pi x^2 \times dx$」從半徑為 r 之球的球心（半徑＝0）到表面（半徑＝r）全部加總起來，即可求出球的體積（下圖）。以數學方式表達的話，就是「將 $4\pi x^2$ 從 0 到 r 積分」，可用右邊的式子來表示。經過計算，半徑為 r 之球的體積為「$\frac{4}{3}\pi r^3$」。

$$\int_0^r 4\pi x^2 dx = 4\pi \int_0^r x^2 dx$$

$$= 4\pi \cdot \left(\frac{1}{3}x^3\right)\Big|_0^r$$

$$= 4\pi\left(\frac{1}{3}r^3 - 0\right)$$

$$= \frac{4}{3}\pi r^3$$

重要公式

$$球的體積 = \frac{4}{3}\pi r^3$$

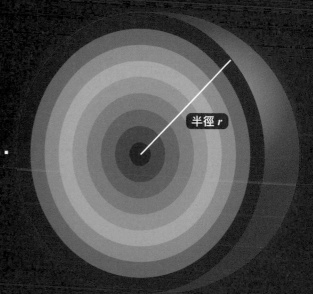

半徑 r

香檳杯的容積是多少？

即使是具有彎曲弧度的香檳杯，也能利用積分求得容積

使用積分，連形狀更為複雜的立體，也能求出其體積。例如下面插圖A所看到的香檳杯，這種形狀的玻璃杯究竟能裝多少香檳呢？讓我們來求香檳杯的容積吧！

誠如下面插圖 B 所示一般，將玻璃杯輪切成薄片，其截面為「圓」。想像一條貫穿玻璃杯中心的直線，將此設為 x 軸。若能得知從 x 軸到玻璃杯緣（內壁）的長度（y），就能求得截面積（πy^2）。再者，設輪切圓片的

A

香檳杯

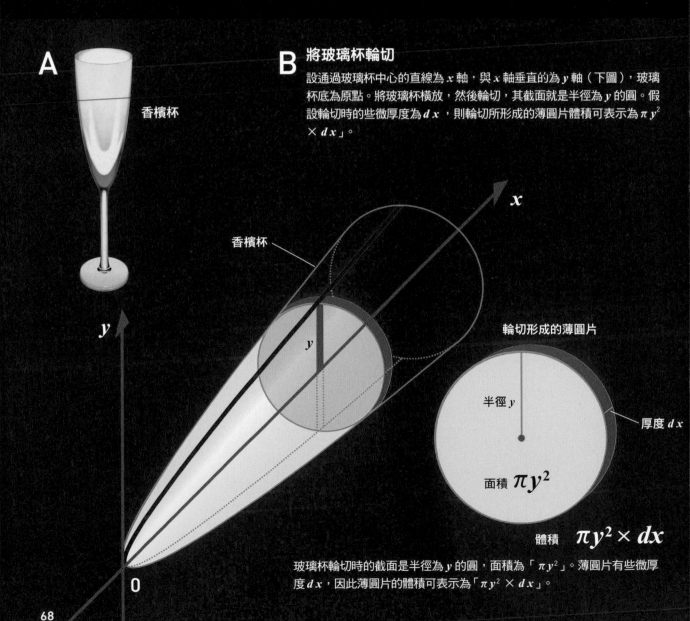

B 將玻璃杯輪切

設通過玻璃杯中心的直線為 x 軸，與 x 軸垂直的為 y 軸（下圖），玻璃杯底為原點。將玻璃杯橫放，然後輪切，其截面就是半徑為 y 的圓。假設輪切時的些微厚度為 dx，則輪切所形成的薄圓片體積可表示為「$\pi y^2 \times dx$」。

香檳杯

x

y

y

輪切形成的薄圓片

半徑 y

厚度 dx

面積 πy^2

體積 $\pi y^2 \times dx$

0

玻璃杯輪切時的截面是半徑為 y 的圓，面積為「πy^2」。薄圓片有些微厚度 dx，因此薄圓片的體積可表示為「$\pi y^2 \times dx$」。

些許厚度為 dx，只要將截面積（πy^2）× 厚度（dx），即可求出圓片的體積。將這些薄圓片的體積利用積分從底部一直加總到最上面，就能算出玻璃杯的容積。舉例來說，將玻璃杯的縱剖面曲線以「$y=\frac{2}{3}\sqrt{x}$」來表示（下面插圖 C）。此時，與杯底的距離為 x（cm）時，從玻璃杯中心線到內壁的長度為 y（cm）。在距離杯底 x（cm）的位置輪切所形成的薄片體積為 $\pi y^2 \times dx$。

以具體例子來說，比方設求從玻璃杯底到 6 cm 處的容積。亦即，可以利用「πy^2從 0 cm到 6 cm的積分」來求得（計算式和答案請參考本頁下面的說明）。

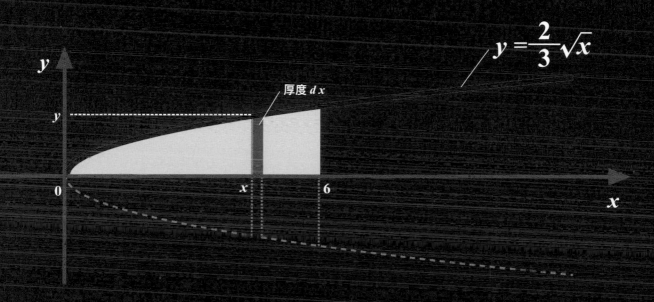

$$y=\frac{2}{3}\sqrt{x}$$

厚度 dx

C 求玻璃杯的容積

將從底部逐步往上輪切所形成的薄圓片（體積為 $\pi y^2 \times dx$）全部加總起來，就能求出玻璃杯的容積。比方說，求從底部到 6（cm）處的容積，可藉由將所有輪切的薄圓片（體積為 $\pi y^2 \times dx$）從底部（$x=0$）到 6（$x=6$）全部加總求得（上圖）。當玻璃杯的縱剖面曲線以「$y=\frac{2}{3}\sqrt{x}$」來表示時，求容積的計算如右邊算式所示。經過計算得知，玻璃杯的容積為「8π（cm^3）」（$=8\times3.14\fallingdotseq25$）。

$$\int_0^6 \pi y^2 dx = \int_0^6 \pi \left(\frac{2}{3}\sqrt{x}\right)^2 dx$$

$$= \int_0^6 \pi \left(\frac{4}{9}x\right)dx$$

$$= \frac{4}{9}\pi \int_0^6 x\,dx$$

$$= \frac{4}{9}\pi \cdot \left(\frac{1}{2}x^2\right)\Big|_0^6$$

$$= \frac{4}{9}\pi(18-0)$$

$$= 8\pi$$

現代微積分的概要「極限」是什麼概念？

本 書中，主要介紹的是牛頓所發表的微積分法。而現在的微積分則是使用19世紀出現的「極限」手法來求切線斜率。在此，我們將介紹使用極限求出切線斜率的方法。

接下來，讓我們來求以 $y = f(x)$ 表現之曲線上「A點」的切線斜率（右頁圖）。設A點的座標為（a, $f(a)$）。思考一下位在相同曲線上之A點和另外的「B點」。假設A點和B點在 x 軸方向上僅相隔「h」的距離。此時，B點的座標可用（$a+h$, $f(a+h)$）來表示。

連接A點和B點，畫出直線AB。該直線AB的斜率可用下列的式子來表示。

$$直線AB的斜率 = \frac{f(a+h)-f(a)}{h}$$

直線AB並不是A點的切線。但是如果沿著曲線讓B點不斷地靠近A點，即可明白直線AB與過A點的切線正逐漸靠近（請參考右頁圖）。

B點往A點靠近的說法可以換成是「h 趨近於零」。換言之，當「h 無限地趨近零」時，「直線AB的斜率」無限地趨近「A點切線的斜率」。

這件事可以使用「極限」的符號表示如下。

$$A點切線的斜率 = \lim_{h \to 0} \frac{f(a+h)-f(a)}{h}$$

該式為切線斜率的現代定義。「lim」是表示極限的符號（讀作 ˈlɪmɪt），lim 下方的部分（$h \to 0$）是指定哪個符號趨近某個值。

使用前面式子實際求出 $f(x) = x^2$ 時之A點（a, a^2）的切線斜率。

$$
\begin{aligned}
A點切線的斜率 &= \lim_{h \to 0} \frac{(a+h)^2 - a^2}{h} \\
&= \lim_{h \to 0} \frac{a^2 + 2ah + h^2 - a^2}{h} \\
&= \lim_{h \to 0} (2a + h) \\
&= 2a
\end{aligned}
$$

※ 因為 h 趨近於 0，故將 h 省略掉

跟32頁一樣，經過計算得到切線斜率為 $2a$。牛頓也以表示極微小時間的「o」（omicron）直覺地使用同樣的極限想法，但是在理論的根據上相當模糊。利用「極限」手法的微積分在理論上更為嚴謹。

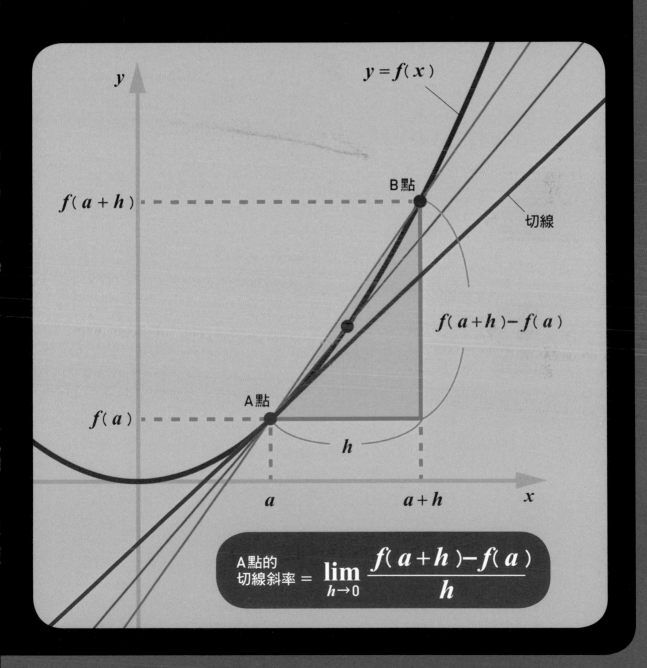

$$\text{A點的}\atop\text{切線斜率} = \lim_{h \to 0} \frac{f(a+h) - f(a)}{h}$$

讓我們記住重要公式吧！

記住公式，挑戰例題

在 學會微分與積分的計算後，便掌握了邁入更深奧世界的敲門磚。接下來，我們將介紹微積分的重要公式。

重要公式 1
ax^n 的微分

將 n 挪到下面，指數減 1

❷ 將指數的 n 減去 1

$$ax^n \xrightarrow{\text{微分}} anx^{n-1}$$

❶ 將指數的 n 下移到前面

n 為自然數（1，2，3，……）時

$$2x^3 \xrightarrow{\text{微分}} 2 \cdot 3 \cdot x^{3-1}$$
$$= 6x^2$$

將指數的 3 下移到前面。
將指數的 3 減去 1。

「·」跟「×」一樣，都是表示乘法。

發展 不管 n 是負數、分數、虛數，全部都成立。

$$2x^{-3} \xrightarrow{\text{微分}} 2 \cdot (-3) \cdot x^{-3-1}$$
$$= -6x^{-4} = -\frac{6}{x^4}$$

將指數的 -3 下移到前面。
將指數的 -3 減去 1。

重要公式 2
常數的微分

將不含 x 的「常數」項微分，結果為 0。

$$3x^2+5x+2$$

微分 $\rightarrow$ $3\cdot2\cdot x^{2-1}+5\cdot1\cdot x^{1-1}+0$

$$=6x+5x^0$$
$$=6x+5$$

將紅色、藍色、紫色項分別微分。

將整數2微分後，結果為0。

將指數2下移到前面，指數的2減去1。

將指數的1下移到前面，指數的1減去1。

x 的 0 次方為 1。

重要公式 3
e^x 的微分

e^x 經過微分結果仍是 e^x。

e^x 不管微分多少次還是 e^x

何謂納皮爾常數？

「e」是納皮爾常數，又稱歐拉數，也是自然對數的底數，其值為「2.718281……」，是小數位無限多且不循環的無理數。據傳第一個發現 e 的人是瑞士科學家暨數學家白努利（Jakob I.Bernoulli，1654～1705）。

a^x 微分就有 $\log_e a$ 緊跟其後

前面已介紹過重要公式3「e^x」的微分了，在此也介紹 e 以外之其他數「a^x」的微分吧！將 a^x 微分，就會得到 $a^x \log_e a$ 這樣的式子，出現「$\log_e a$」緊跟其後的情形。$\log_e a$ 究竟是什麼呢？

要回答「3 的幾次方會變為 5」相當困難，在這樣的時候，可以使用 $\log$，表示為 $\log_3 5$。換句話說，$\log_e a$ 是表示「e 的幾次方會為 a」的數。$e^1=e$，因此 $\log_e e$ 為 1。所以，e^x 微分還是 e^x。

將 $\sin x$ 和 $\cos x$ 微分 4 次會回到原來位置！

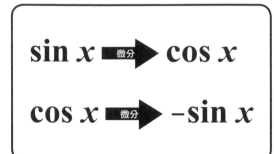

何謂 $\sin x$、$\cos x$?

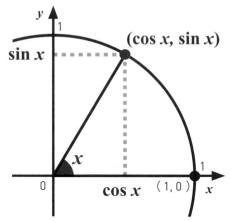

想像在半徑為 1 之圓周上，從點（1, 0）逆時針旋轉的移動點。當移動點的旋轉角度為 x 時，移動點的座標 x 座標為 $\cos x$，y 座標為 $\sin x$。

x 是以 1 圈（360 度）為 2π 之「弧度」（弳度）單位來表示的角度。

以圖表來認識三角函數的微分

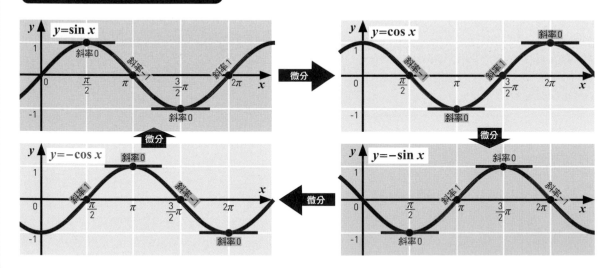

指數加 1，然後以該數除係數 a

$$ax^n \xrightarrow{\text{積分}} \frac{a}{n+1}x^{n+1}+C$$

① 將指數 n 加 1

③ 加上積分常數 C

② 以指數 $n+1$ 來除係數 a

某函數夾在 S 之拉長版符號「$\int$」和 dx 之間的算式表示「以 x 積分該函數」。

$$\int 2x^3 \, dx = \frac{2}{3+1}x^{3+1}+C$$

指數 3 加 1
以該數來除係數 a
加上積分常數 C

$$= \frac{2}{4}x^4+C$$

分子和分母分別除以 2 予以約分。

$$= \frac{1}{2}x^4+C$$

何謂積分常數 C？

微分公式中並無微分常數，為什麼積分需要有積分常數呢？

在此，讓我們想想 $y = x^2$，$y = x^2 + 1$ 和 $y = x^2 - 1$ 這三個函數。這些算式的微分都會變為 $y = 2x$。亦即，微分後為 $y = 2x$ 的函數並非只有一個，而是有非常多個。

接著，讓我們將 $y = 2x$ 積分看看。由於微分與積分有「逆運算」的關係。因此只要追溯微分會變為 $y = 2x$ 的函數即可。像這樣的函數其實有無限多個，可用 $y = x^2 + C$ 來表示，而這個 C 即為積分常數。

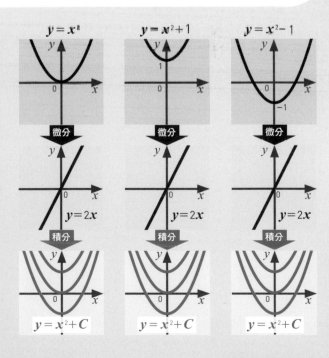

e^x 經過積分結果仍是 e^x！

$$e^x \xrightarrow{\text{積分}} e^x + C$$

加上積分常數 C

$\sin x$ 積分變為 $-\cos x$
$\cos x$ 積分變為 $\sin x$

$$\sin x \xrightarrow{\text{積分}} -\cos x + C$$

加上積分常數 C

$$\cos x \xrightarrow{\text{積分}} \sin x + C$$

加上積分常數 C

練習一下吧！

（1）求下面式子的微分！

① $5x^3$

② $4x^2 + 5$

③ $5^x + e^x$

④ $\sin x + \cos x$

（2）求下面式子的積分！

① $\displaystyle\int 5x^2 dx$

② $\displaystyle\int (2x^2 - 4x + 6)\,dx$

③ $\displaystyle\int (3x^3 + e^x)\,dx$

④ $\displaystyle\int (\sin x - \cos x)\,dx$

解答　（1）① $15x^2$ ② $8x$ ③ $5^x \log_e 5 + e^x$ ④ $\cos x - \sin x$
（2）① $\dfrac{5}{3}x^3 + C$ ② $\dfrac{2}{3}x^3 - 2x^2 + 6x + C$ ③ $\dfrac{3}{4}x^4 + e^x + C$ ④ $-\cos x - \sin x + C$

原函數 $F(x)$ 中的 x 以 b 代入者減去以 a 代入者

$$\int_{\textcircled{a}}^{\textcircled{b}} \boxed{f(x)} \, dx = \boxed{F(x)} \Big|_{\textcircled{a}}^{\textcircled{b}} = F(\textcircled{b}) - F(\textcircled{a})$$

$f(x)$ 積分導出 $F(x)$

x 以 b 代入的算式減去，x 以 a 代入的算式

$$\int_{\textcircled{2}}^{\textcircled{4}} (\underline{2x^3} + \underline{3x} + \underline{4}) \, dx$$

紅色項、藍色項、褐色項分別積分。

紅色項：指數的3加1，再以該數除係數。
藍色項：指數的1加1，再以該數除係數。
褐色項：設有 x^0，指數的0加1。
以該數除係數。
加上積分常數 C。

$$= \left(\frac{2}{3+1} x^{3+1} + \frac{3}{1+1} x^{1+1} + \frac{4}{1} x^{0+1} + \boxed{C} \right) \Big|_{\textcircled{2}}^{4}$$

$$= \left(\frac{\cancel{2}^{\,1}}{\cancel{4}_{\,2}} x^4 + \frac{3}{2} x^2 + 4x + C \right) \Big|_{\textcircled{2}}^{4}$$

$$= \left(\frac{1}{2} x^4 + \frac{3}{2} x^2 + 4x + C \right) \Big|_{\textcircled{2}}^{4}$$

$$= \left(\frac{1}{2} \cdot 4^4 + \frac{3}{2} \cdot 4^2 + 4 \cdot 4 + C \right) - \left(\frac{1}{2} \cdot 2^4 + \frac{3}{2} \cdot 2^2 + 4 \cdot 2 + C \right)$$

x 以4代入的算式減去
x 以2代入的算式。

$$= \left(128 + 24 + 16 + \cancel{C} \right) - \left(8 + 6 + 8 + \cancel{C} \right)$$

積分常數 C 因減法而消除。

$$= 168 - 22$$

$$= 146$$

誠如上面運算所示，積分常數 C 最終被消除，因此定積分往往一開始就未將積分常數列在算式中。

「微分與積分」的介紹在此告一段落。想必各位也已經清楚當年23歲的牛頓是經過什麼樣的思考過程,而想出微積分基本定理的了。

本書還羅列了一般數學教科書和參考書沒有收錄,較為複雜的微積分公式,提供各位做參考。閱讀過本書之後,想必各位已經確實掌握「微積分」的基本知識了。而對於更為複雜的公式,應該也能從中領略到精妙之處。

數學的世界並非只有微積分,希望藉由本書的拋磚引玉,能成為各位邁入數學深奧殿堂的第一步。

少年伽利略 07

統計
大數據時代必備知識

　　若你看到「全民平均存款約500萬元」會大吃一驚，那你就需要翻開這本書了！生活周遭充斥的各種數據，例如民調、就業率、致病率等等，若能學會統計，就可以用正確的角度去解讀這些數據，避免對數字做出錯誤的判斷。

　　本書用許多基礎觀念與實際例子帶讀者進入統計的世界，有趣又好懂！

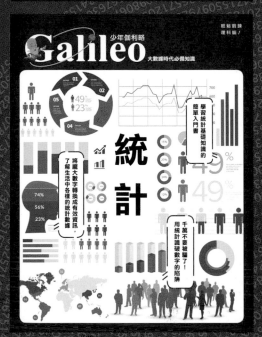

定價：250元

少年伽利略 08

統計 機率篇
用數字預測未來

　　樂透中獎機率有多少？球隊獲勝機率是多少？人生就是一直不停的在做「選擇」，然而選擇A跟B的機率不同，結果可能也會完全不同。

　　機率是學生時期會學到的重要單元之一，搭配著統計知識深入解讀數據後，我們竟然可以用數字預測未來會發生的可能性，例如合格率、中獎機率、下雨機率等，隨著AI技術逐漸成熟，我們又可以利用「貝氏統計」更正確地解讀機率。統計跟機率可說是大數據時代必備的知識，缺一不可。

定價：250元

【 少年伽利略 06 】

微分與積分
讀過就能輕鬆上手！

作者／日本 Newton Press
執行副總編輯／賴貞秀
翻譯／賴貞秀
發行人／周元白
出版者／人人出版股份有限公司
地址／231028 新北市新店區寶橋路235巷6弄6號7樓
電話／（02）2918-3366（代表號）
傳真／（02）2914-0000
網址／www.jjp.com.tw
郵政劃撥帳號／16402311 人人出版股份有限公司
製版印刷／長城製版印刷股份有限公司
電話／（02）2918-3366（代表號）
香港經銷商／一代匯集
電話／（852）2783-8102
第一版第一刷／2021年6月
第一版第三刷／2023年7月
定價／新台幣250元
　　　港幣83元

國家圖書館出版品預行編目（CIP）資料

微分與積分：讀過就能輕鬆上手！
日本Newton Press作；
賴貞秀翻譯. -- 第一版. --
新北市：人人, 2021.06
面；公分. —（少年伽利略；6）
ISBN 978-986-461-245-1（平裝）
1.數學教育 2.微積分 3.中等教育

524.32　　　　　　　　110007439

NEWTON LIGHT 2.0 BIBUN SEKIBUN
©2019 by Newton Press Inc.
Chinese translation rights in complex
characters arranged with Newton Press through
Japan UNI Agency, Inc., Tokyo
www.newtonpress.co.jp

Staff

Editorial Management	木村直之
Design Format	米倉英弘 ＋ 川口 匠（細山田デザイン事務所）
Editorial Staff	中村真哉

Illustration

表紙	Newton Press
2-3	Newton Press
3	黒田清桐
4～19	Newton Press
20	小林 稔
21～41	Newton Press
42	小﨑哲太郎，Newton Press
44～47	Newton Press
48	小﨑哲太郎，Newton Press
49-50	Newton Press
51	小﨑哲太郎，Newton Press
52～54	Newton Press
55	小﨑哲太郎
56～71	Newton Press
78	Newton Press